菱刺し模様集

八田愛子
鈴木堯子 編著

は じ め に

菱刺しは八戸を中心とした青森県南部地方の農村で古くから伝えられた刺し子の一種です。寒冷地で麻を栽培し衣類を自給する生活でしたので、その大切な衣類を保温補強のために刺すのは生活の知恵でした。はじめはただ保温補強のために刺された刺し子がいつの頃からか模様になることが知られはじめ、菱刺しに発展したものと思はれます。

菱刺しがいつ頃から行なわれていたかということは、はっきりしたことは分りませんが凡そ200年位前からではないかといわれております。

菱刺しは主に三巾前掛の中央布、着物の袖や肩、たっつけなどの傷みやすい部分に刺しました。緯糸にそって偶数に目を拾い、次の段は偶数に目をずらして模様を作ってゆくもので、いくらでも創作出来るものですが、刺し継がれ残った模様は200年もかかって何万人かの女の創り出した造形美とでも申しましょうか、それぞれに美しく素晴しいものです。古作から採取した模様はさきに

　　　「南部つづれ菱刺し模様集」　田中忠三郎　著

として出版されました。

古作は目のこまかい麻布に刺されましたので目数の大きいものが多く、現在私共が使うにはもっと小さな模様が要望されておりました。

昭和60年度八戸市の「21はちのへ研究」の研究資金を得て「八戸ひしざしの会」（主宰　鈴木堯子）がひしざしの単位模様の創作をいたしました。

「南部つづれ菱刺し模様集」を基に「21はちのへ研究」の創作模様を加え、更に若干の新作模様を加えてまとめました。

「南部つづれ菱刺し模様集」から転載したものは番号を白抜きで表示しました。模様の名前は昔からその土地でよばれているものを採り、一部あらたに名前をつけたものもあります。

菱刺しは服飾に、インテリアに、袋物などの小ものに、和風にも洋風にも使えますし、模様の組合せ、更に色のとり合せで限りなく美しい菱刺しが楽しめます。日本に生れ育ったこの美しい手仕事を残したいものです。

目　　次

◆はじめに……………………… 3

◆口　　絵……………………… 6

◆目数の数え方………………… 8

◆小 模 様……………………… 9

　　　10×5 ……………………10

　　　14×7 ……………………10

　　　18×9 ……………………12

　　　22×11……………………14

　　　26×13……………………22

　　　30×15……………………28

　　　34×17……………………46

　　　38×19……………………64

◆型 刺 し………………………88

　　うめのはな…………………90

　　べこのくら…………………98

　　そろばんだま……………106

　　きじのあし………………112

　　や　ば　ね………………124

　　や　の　は………………130

　　うろこもん………………132

　　みっつびし………………138

　　よっつびし………………142

　　いつつびし………………148

　　ななつびし………………154

　　ここのつびし……………156

　　なしのもんこ……………162

　　おおぎのもんこ…………166

　　いしだたみ………………170

　　あ　じ　ろ………………172

　　あいしげます……………174

　　うまのまなぐ……………176

　　ねこのまなぐ……………178

　　そばからびし……………178

　　ふでのほっこ……………178

　　ひょうたん………………180

　　こ　　　ま………………182

　　ゆりのもんこ……………184

　　こ　ん　ぶ………………184

　　その他の型刺し…………186

◆地 刺 し……………………190

◆丸 刺 し……………………208

◆三 蓋 菱……………………212

◆のしざし……………………214

◆おわりに……………………215

三幅前掛けの中央布

新作

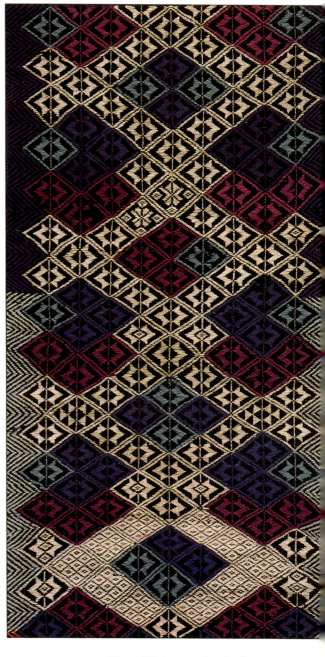

三幅前掛けの中央布

古作

現代の菱刺し

現代の菱刺し

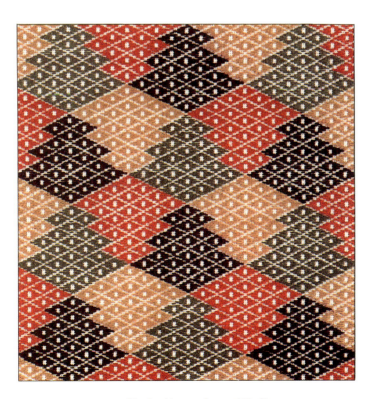

四色を使った三階菱

目数の数え方

模様のサイズを

　　○○目 × ○○段としますが

これは

　　横の目数 × 縦の段数ということで

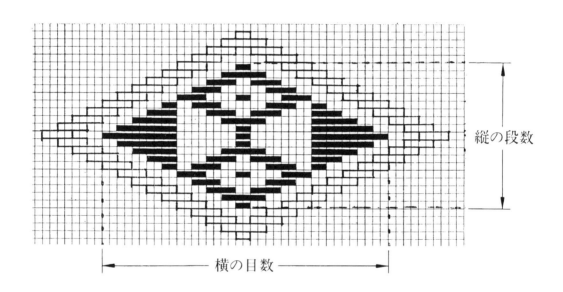

この場合は　38目 × 19段です。

こもよう（小模様）

　毎日の暮しの中で、菱刺しが生活必需品であった頃、人々は自分の織った細かな麻布の上に木綿糸や毛糸で菱を刺していました。

　現在ではもっと目の粗い布に菱刺しを刺します。すると間のびした感じがして菱本来のすこやかな愛らしい味わいが表現出来かねます。そこで小さな模様を工夫し、何とか菱刺し本来の美しさが刺せるように考えたのが小模様です。

　38×19以下のものを小模様として集めました。

10×05

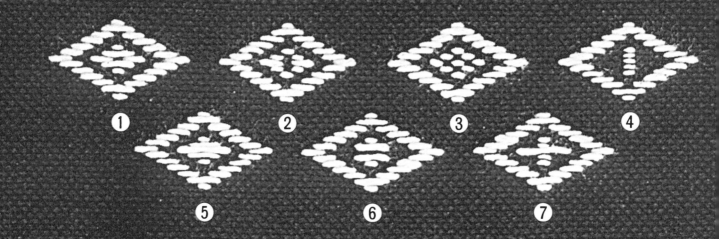

14×07

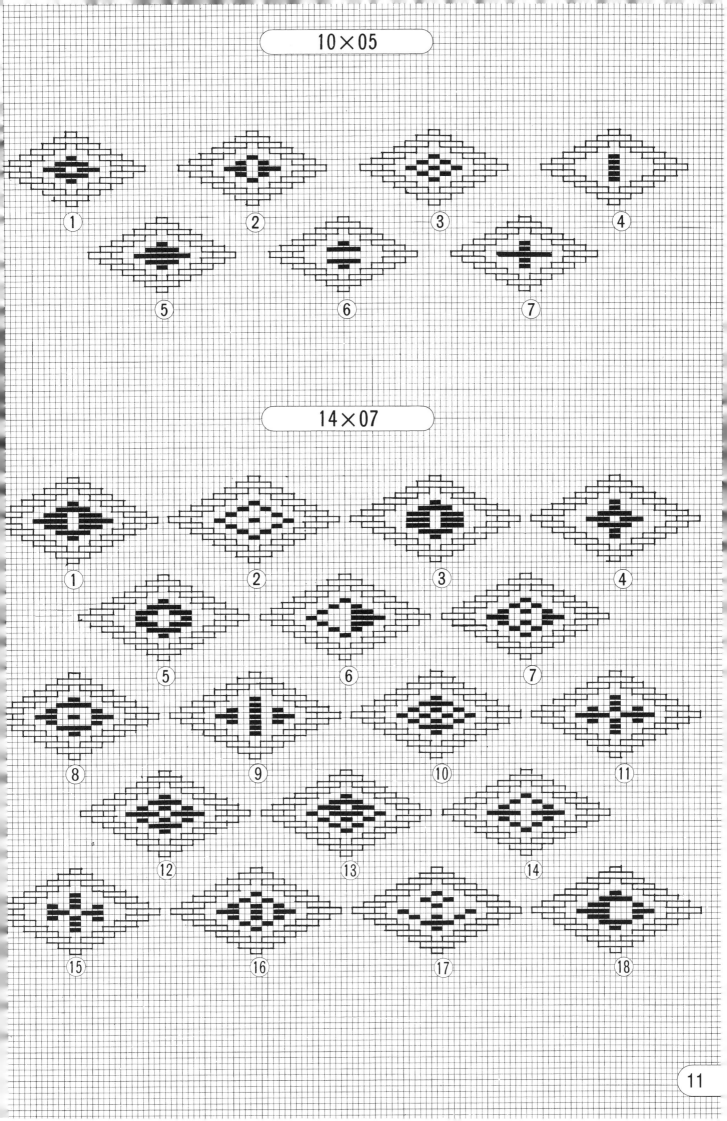

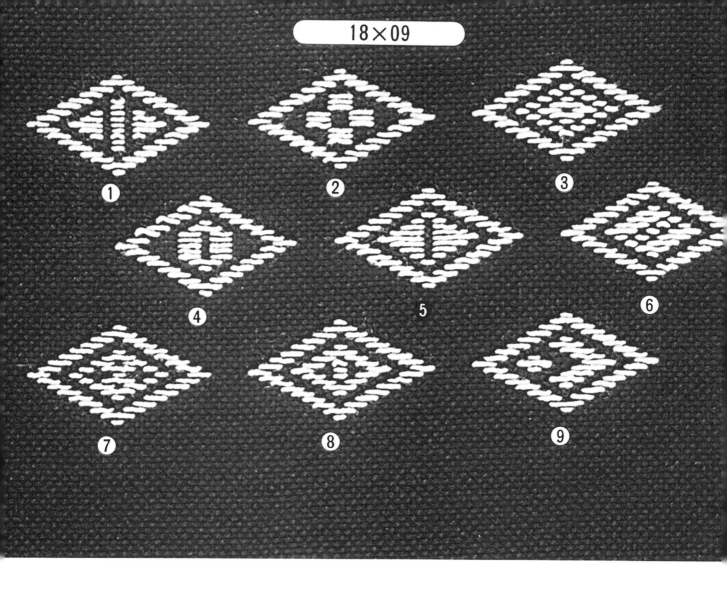

菱刺し前掛の代表的な構成パターン

井桁

枡刺し

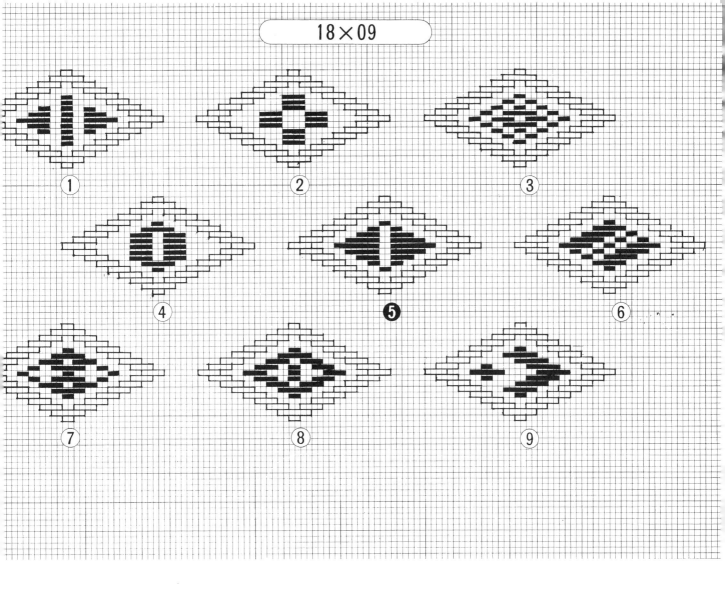

菱刺し前掛の代表的な構成パターン

ミズフキ

ココノマワシ

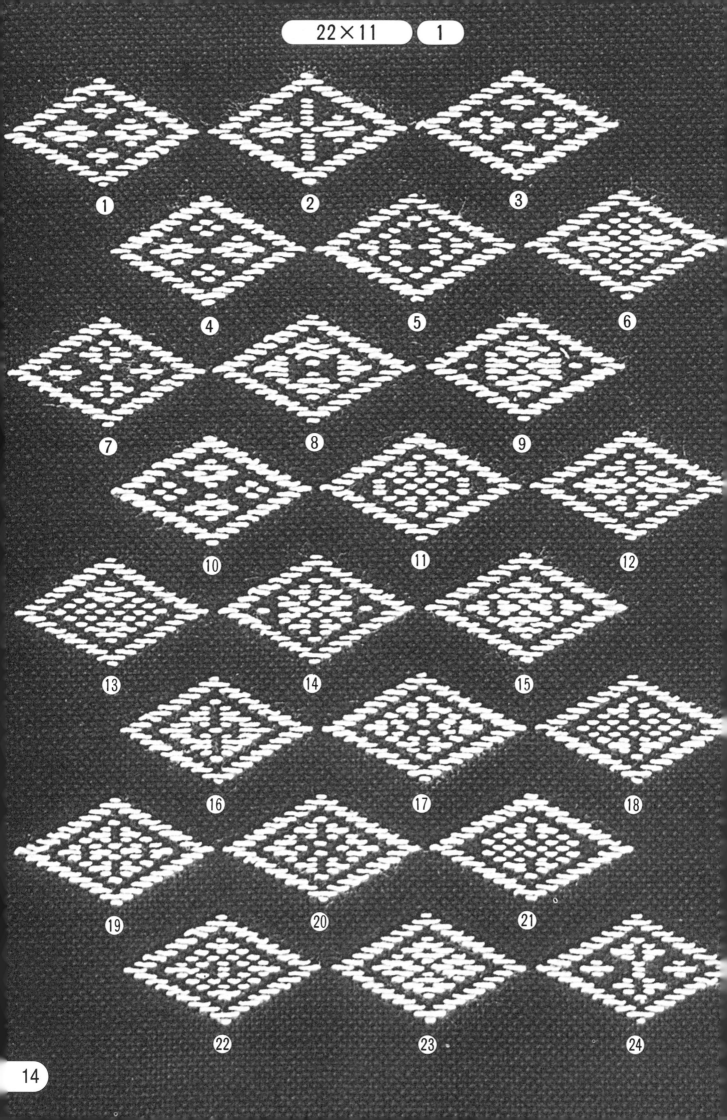

22×11　②

16

模様の拡大縮小

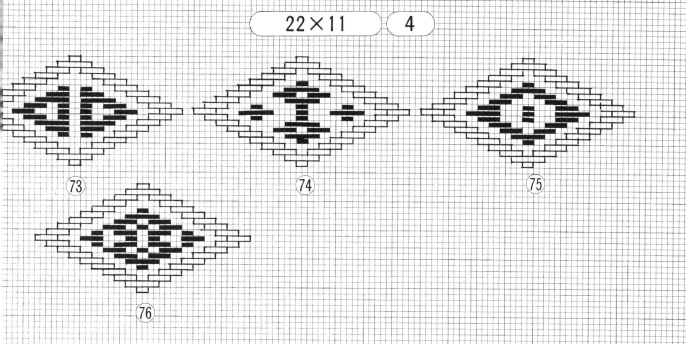

模様の拡大縮小

希望のサイズがない場合は前頁の要領で模様を大きくしたり小さくすることが出来ます。

26×13　1

26×13　2

㉑　㉒　㉓　㉔　㉕　㉖　㉗　㉘　㉙　㉚　㉛　㉜　㉝　㉞　㉟　㊱　㊲　㊳　㊴　㊵

26×13 3

30 × 15   2

⑲ ⑳ ㉑ ㉒ ㉓ ㉔ ㉕ ㉖ ㉗ ㉘ ㉙ ㉚ ㉛ ㉜ ㉝ ㉞ ㉟ ㊱

30×15　　3

㊲ ㊳ ㊴ ㊵ ㊶ ㊷ ㊸ ㊹ ㊺ ㊻ ㊼ ㊽ ㊾ ㊿ 51 52 53 54

32

30×15　7

109 110 111 112 113 114 115 116 117 118 119 120 121 122 123 124 125 126

40

34×17　7

85

86

87

88

89

90

91

92

93

94

95

96

97

98

56

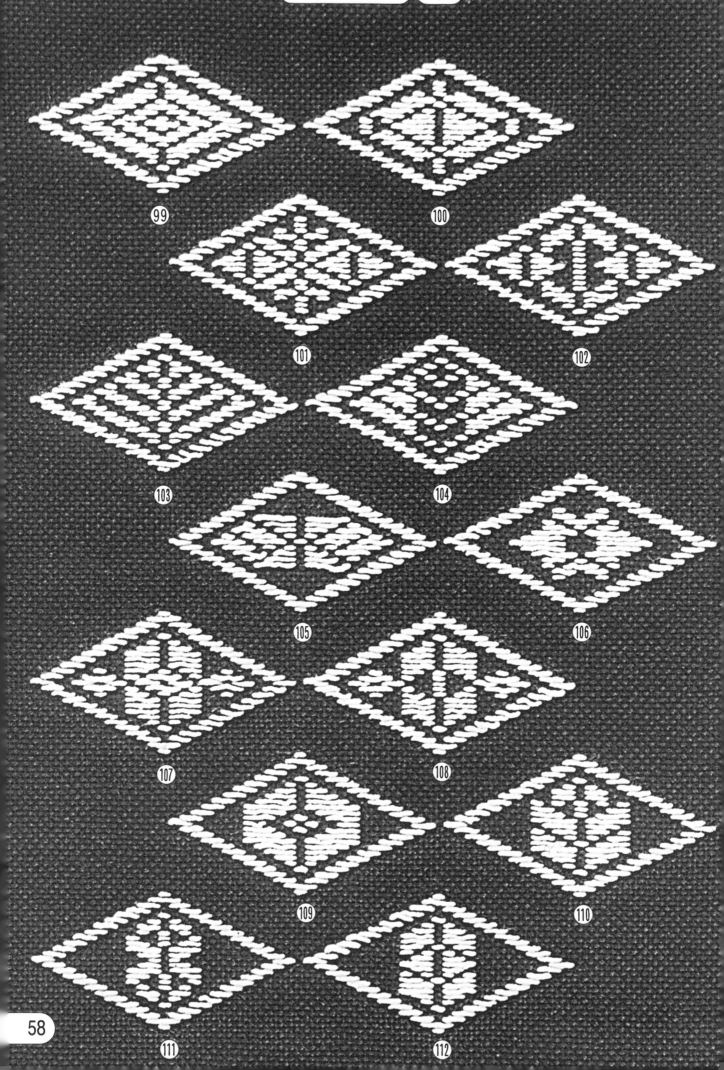

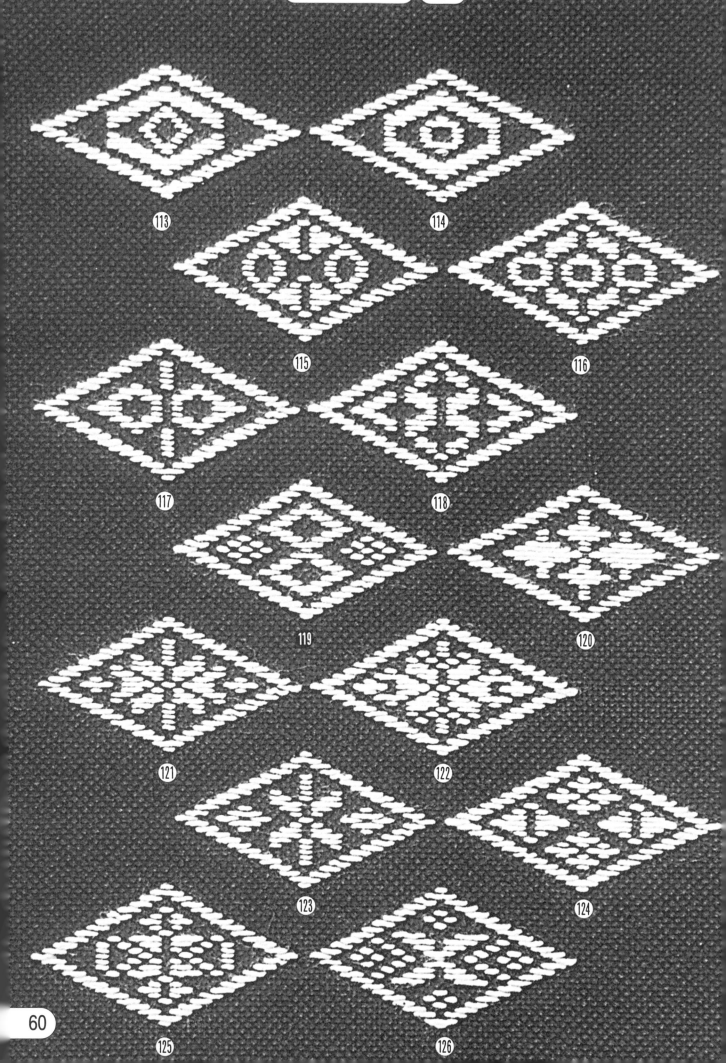

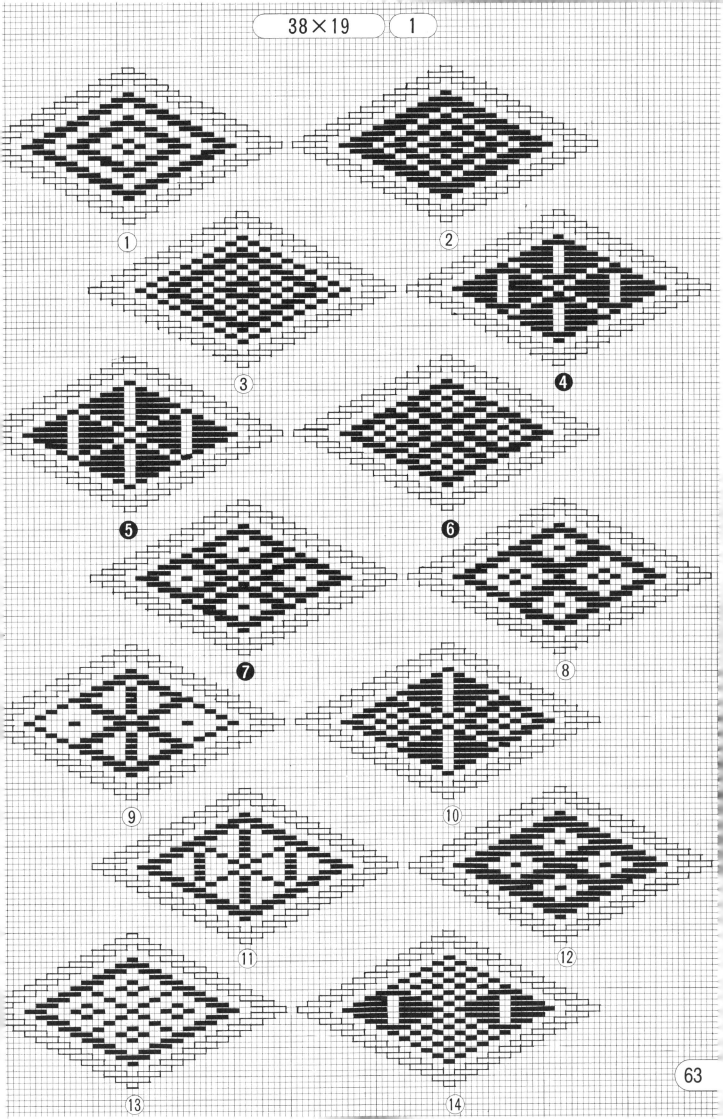

38×19 11

型　刺　し

菱の枠のついたものを型または型コといいます。菱刺しはこの型をいろいろ組み合せて刺します。枠のことをアシガイといいます。

●うめのはな（梅の花）………………………………………………（P90）

菱刺しのもっとも代表的な模様です。中央の模様が花で、四隅の小さな菱はつぼみだといいます。つぼみのない真中の花だけのものをクンショッコ（勲章っこ）といいます。

梅の花は菱刺しの型のなかでも菱刺しらしいやさしさのある模様で、この模様だけしか伝わらなかった村もあります。この梅の花を「花の紋こ」というところもあります。

●べこのくら（牛の鞍）………………………………………………（P98）

東北地方では牛のことを「べこ」といいます。この模様もよく使われる模様で、くるみ刺し(胡桃刺し)ということもあります。くるみは縦に割っても横に切っても美しく、それにみたててつけた名前です。またこの模様は「メドチ花こ」ともいいます。メドチはかっぱ(河童)のこと。馬渕川の川筋から海岸にかけての湖沼地帯に咲くセグロセンノウをこの辺では「メドチ花コ」といいそれにみたてた名前です。

●そろばんだま（算盤珠）………………………………………………（P106）

●きじのあし（雉子の足）………………………………………………（P112）

きじの足跡になぞらえてつけられた名前です。きじの足の角度とあまり似ていないものもありますが、菱の二辺に小菱が並びそれから線が出ていれば「きじのあし」ということになります。二辺の小菱を13種、線を18種採集しましたので、小菱と線の組合せは13×18＝234種はあることになります。そのうちいくつかをあげました。グラフに書けばどちらからでも刺せますが、グラフがない場合足先にあたる小菱からの方が刺しやすく前掛は裾の方から刺すのが普通なので、たいていは小菱の並んだ方が下になっています。きじのあしも代表的な菱刺しらしい模様です。

●やばね（矢羽根）とやのは（矢の羽）………………………………………（P124）

弓矢の矢には四枚の風切り羽根が矢尻に植えこまれています。この矢の先の方から眺めてみると四枚の羽根が対角線上に形を作っています。この模様をとって「やばね」と名づけられました。

一方、矢を横から眺めて羽根二枚の形をそのままの形として菱の名前を

「やのは」としたものと思われます。

　はじめの「やなぎのは(柳の葉)」は、やばねに入りますが昔からよく使はれる模様で枠をとって地刺しにも使われます。

●うろこもん（鱗紋）……………………………………………………(P132)

　「花の紋こ」ともいいます。菱刺しの模様の名称は地域によって違いがあり、「梅の花」を花の紋こということもあるのです。

　菱刺しの習いはじめはこの模様からはじめます。小さな三角形が二つ向き合ったものから、いろいろな大きさのものがあり、さまざまな変化がつけられます。「六つ菱」「十二の紋こ」というところもあります。

●みっつびし（三つ菱）……………………………………………………(P138)

●よっつびし（四つ菱）……………………………………………………(P142)

●いつつびし（五つ菱）……………………………………………………(P148)

●ななつびし（七つ菱）……………………………………………………(P154)

●ここのつびし（九つ菱）…………………………………………………(P156)

●なしのもんこ（梨の紋こ）………………………………………………(P162)

●おおぎのもんこ（扇の紋こ）……………………………………………(P166)

●いしだたみ（石畳）………………………………………………………(P170)

　市松模様のことです。縁どりに使う市松模様もいしだたみです。

●あじろ（網代）……………………………………………………………(P172)

●あいしげます（綾杉升）…………………………………………………(P174)

「あいしげます」は菱の模様の一つですが、あやすぎ、すぎあやともいって昔からの日本の代表的な模様です。ぐるぐるといく重にも重なっていて、ますは枡形をいったものです。

●うまのまなぐ（馬の目）…………………………………………………(P176)

●ねこのまなぐ（猫の目）…………………………………………………(P178)

●そばがらびし（蕎麦穀菱）………………………………………………(P178)

●ふでのほっこ（筆の穂っこ）……………………………………………(P178)

●ひょうたん（瓢箪）………………………………………………………(P180)

●こま（独楽）………………………………………………………………(P182)

●ゆりのもんこ（百合の紋こ）……………………………………………(P184)

●こんぶ（昆布）……………………………………………………………(P184)

●その他の型刺し……………………………………………………………(P186)

87

うめのはな（梅の花） 1

くんしょっこ（勲章こ）

うめのはな（梅の花） 2

11

12

13

14

15

16

17

90

うめのはな（梅の花）　3

18

19

20

21

22

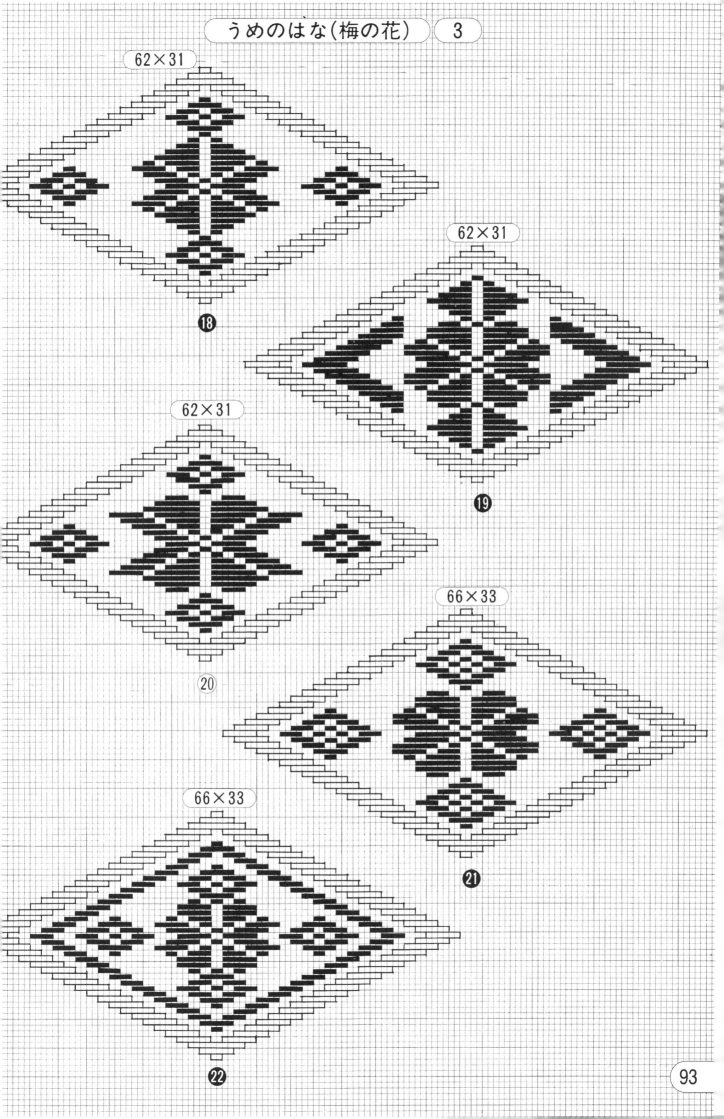

うめのはな(梅の花) 4

23

24

25

26

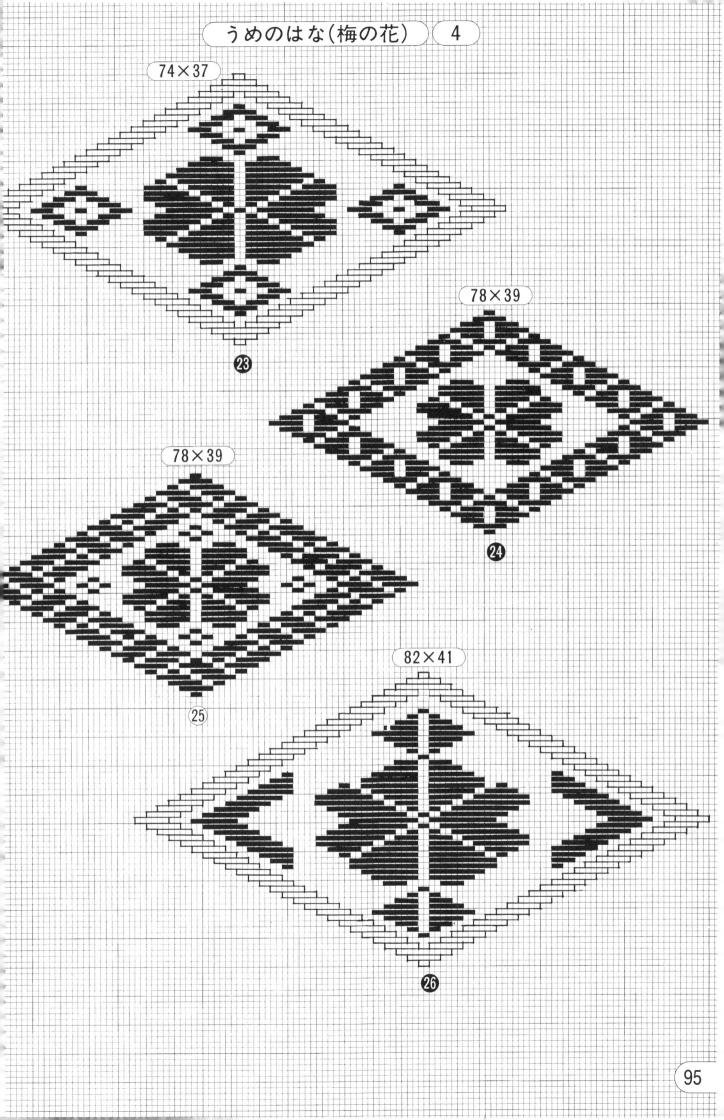

べこのくら（牛の鞍） 1

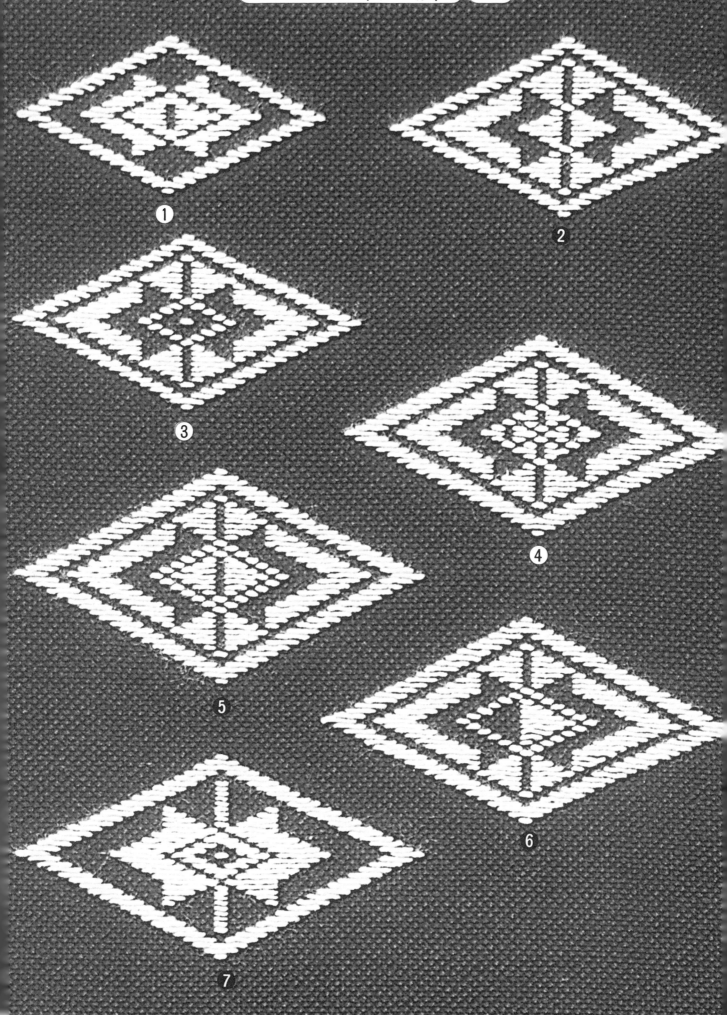

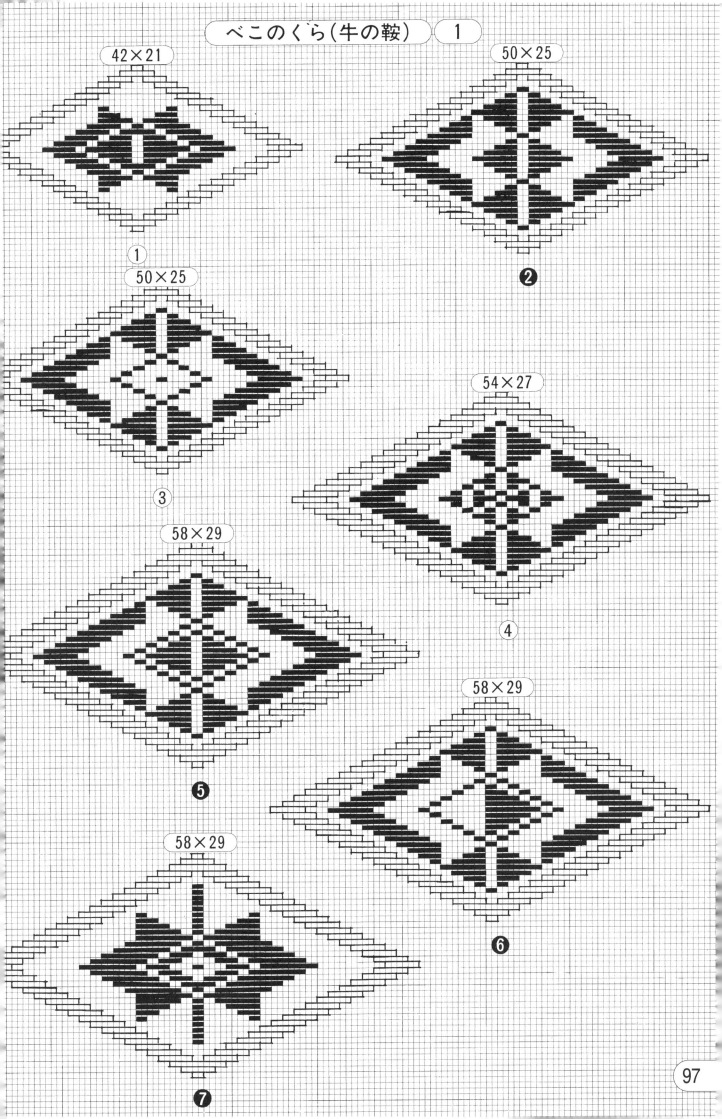

べこのくら(牛の鞍) 2

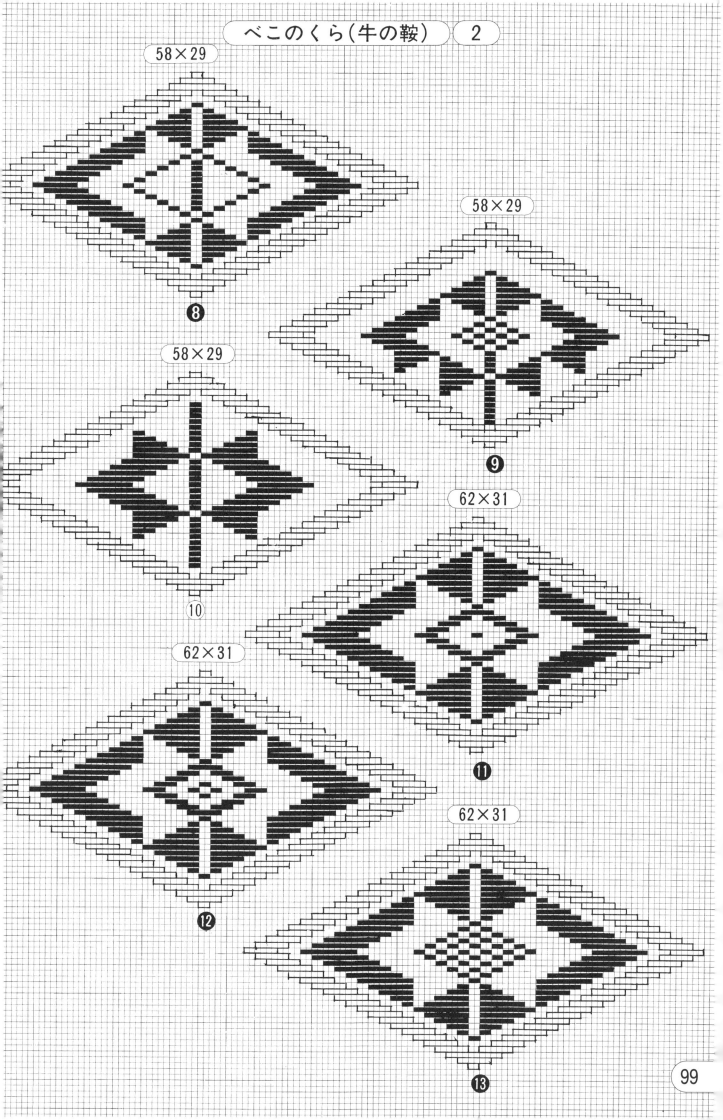

べこのくら（牛の鞍） 3

べこのくら(牛の鞍) 4

そろばんだま（算盤珠） 1

1

2

3

4

5

6

7

8

104

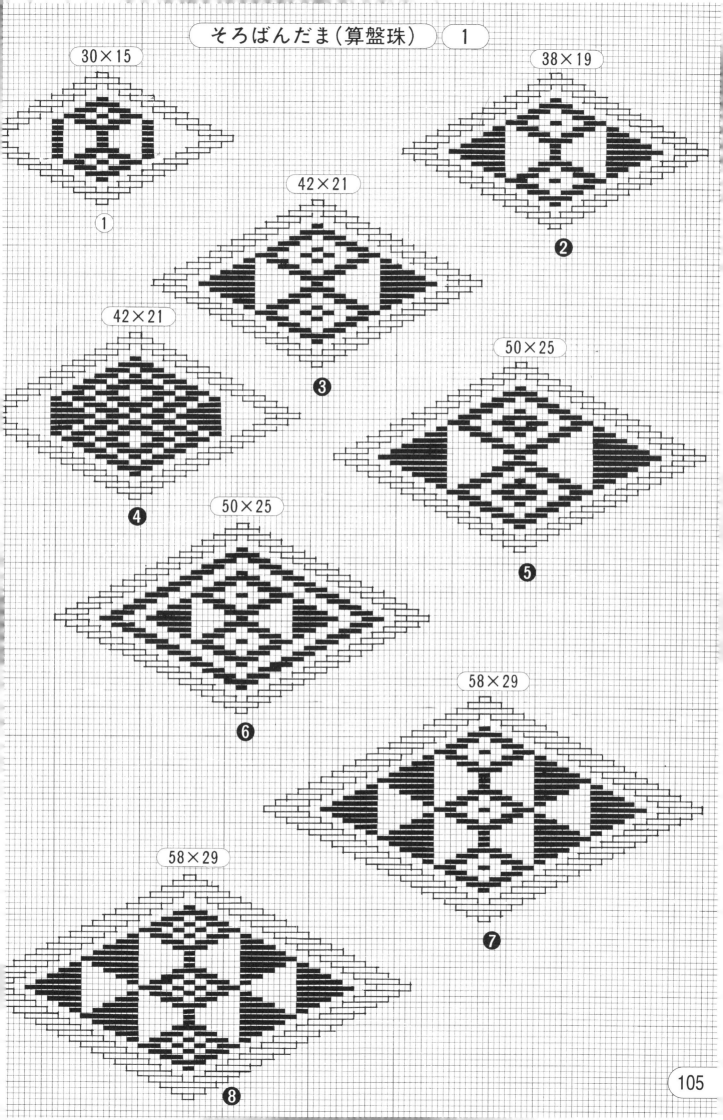

そろばんだま（算盤珠） 2

9

10

11

12

13

14

106

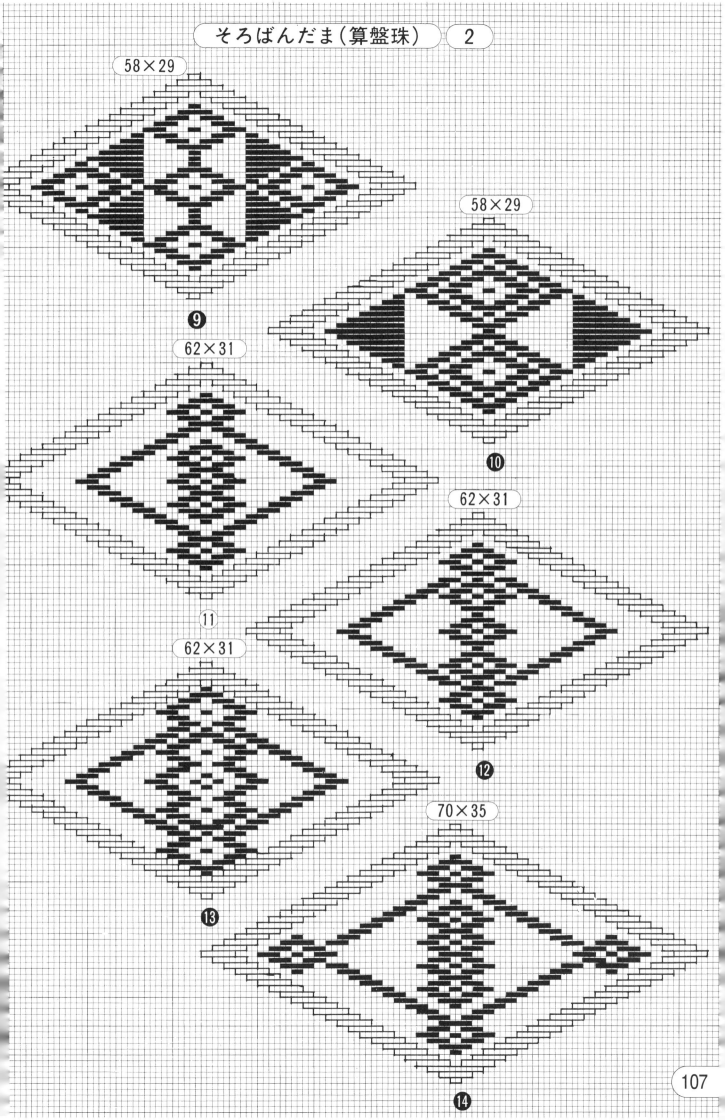

そろばんだま（算盤珠） 3

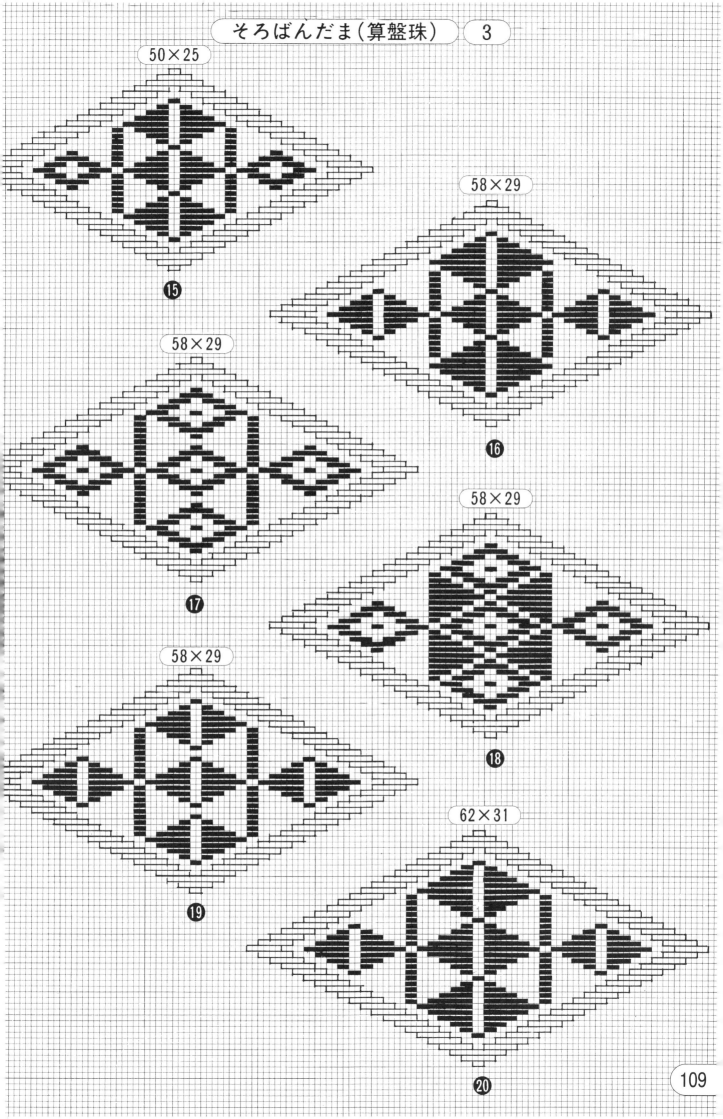

きじのあし（雉子の足） 1

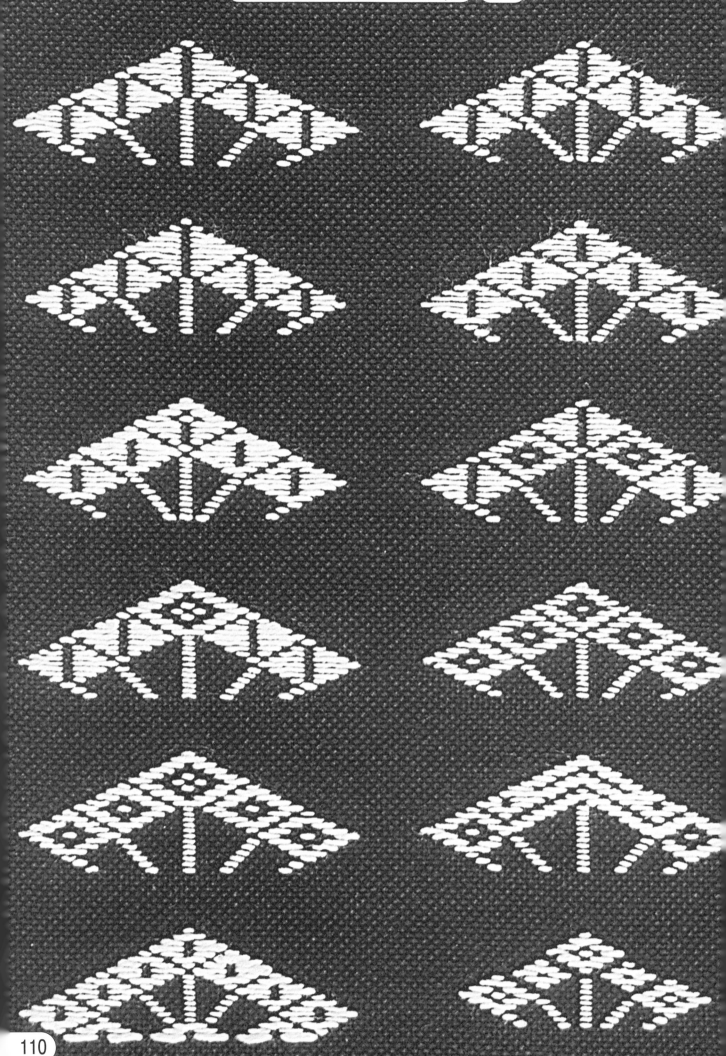

きじのあし（雉子の足） 1

きじのあし（雉子の足） 2

きじのあし（雉子の足） 2

きじのあし（雉子の足） 3

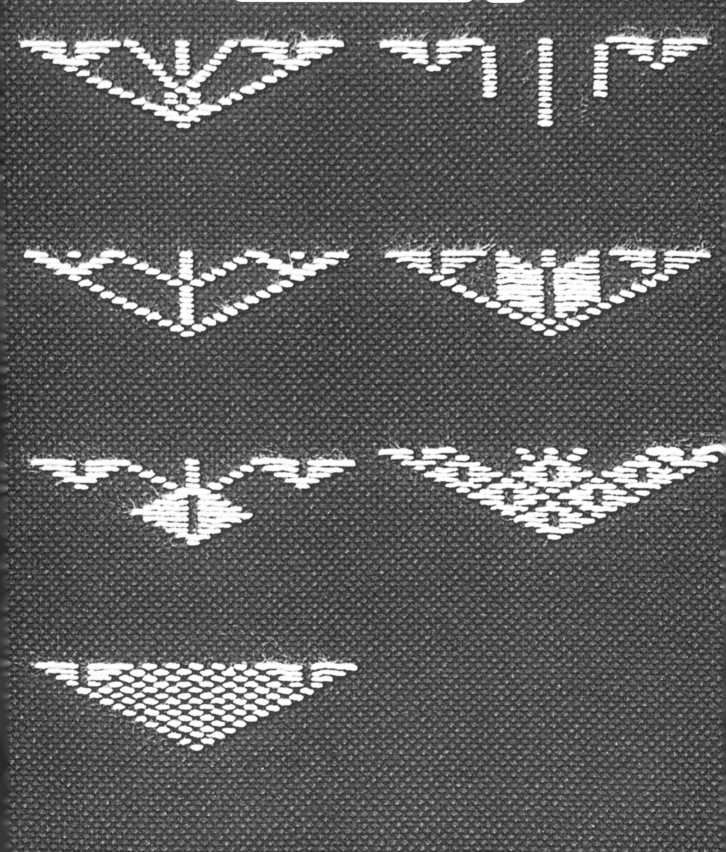

きじのあし（雉子の足） 3

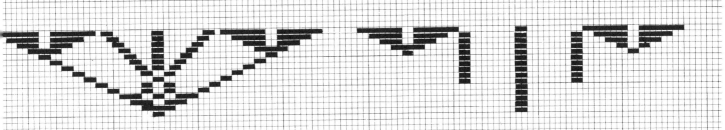
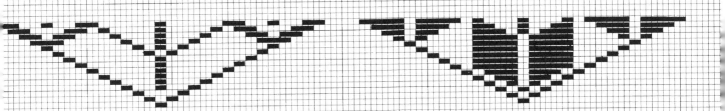
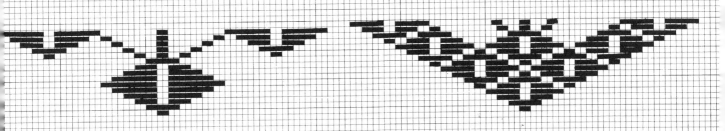
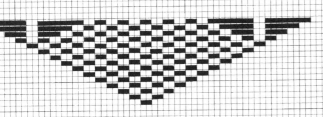

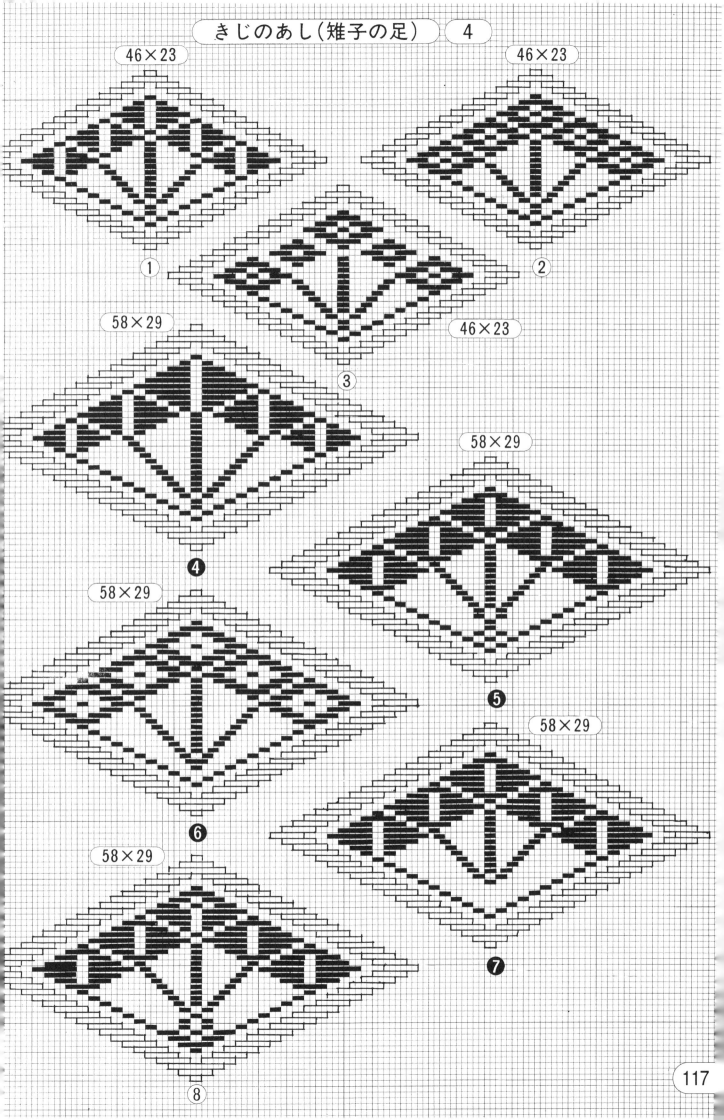

きじのあし（雉子の足） 5

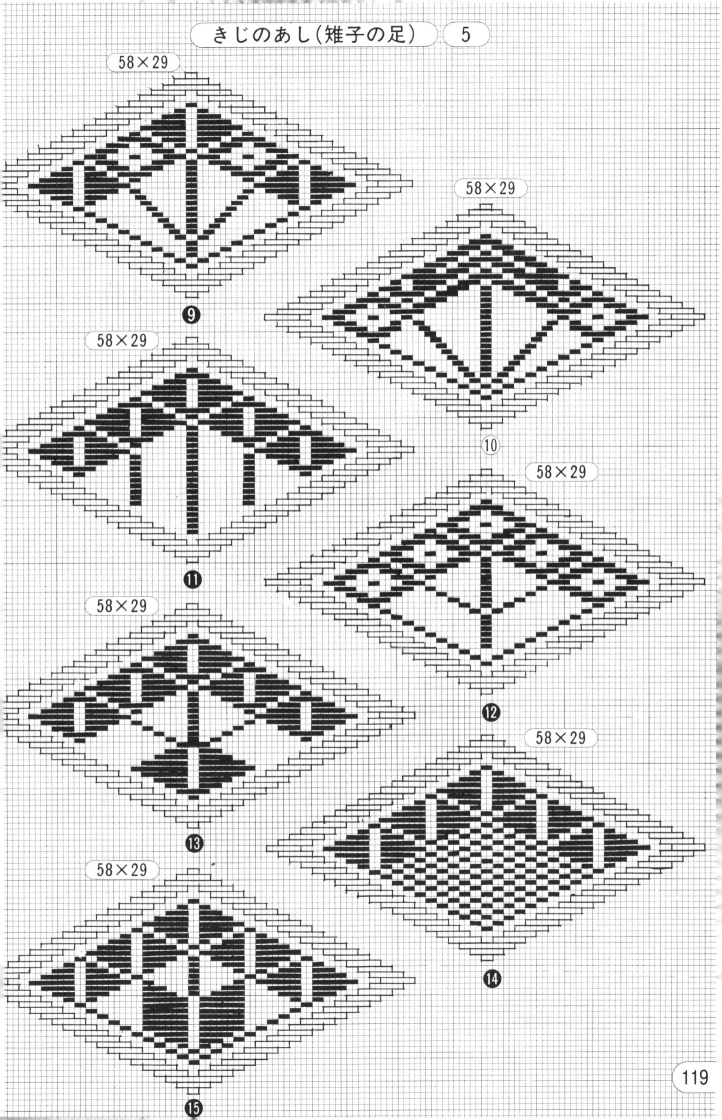

きじのあし（雉子の足）　6

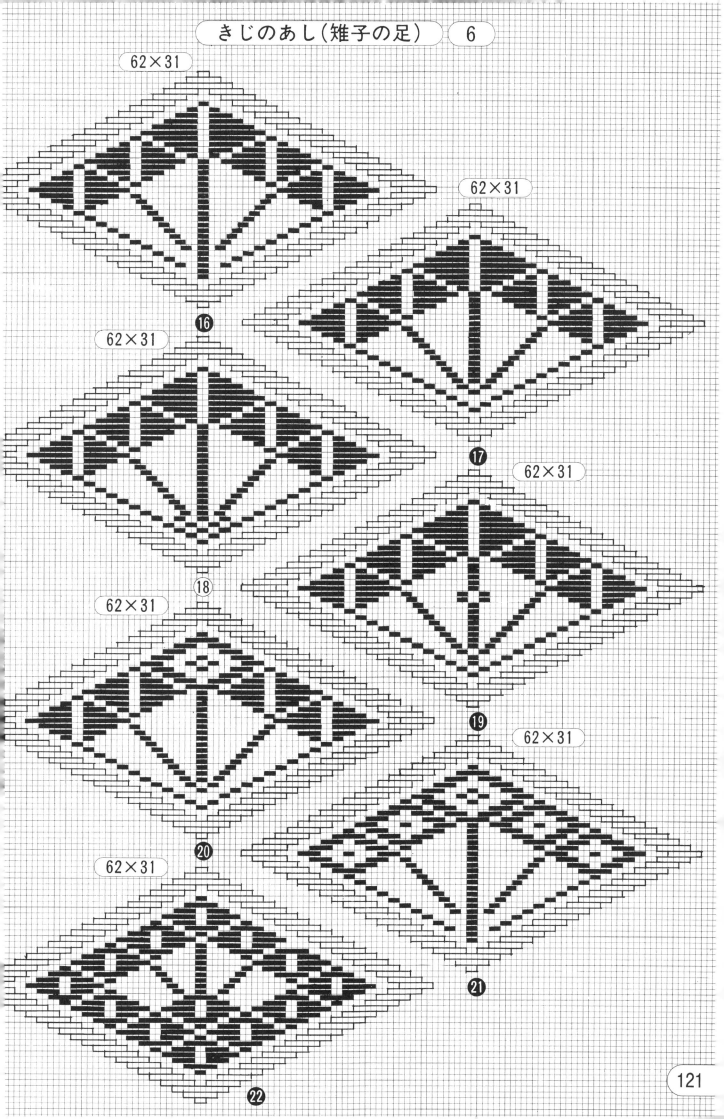

やばね（矢羽根）　1

やなぎのは（柳の葉）

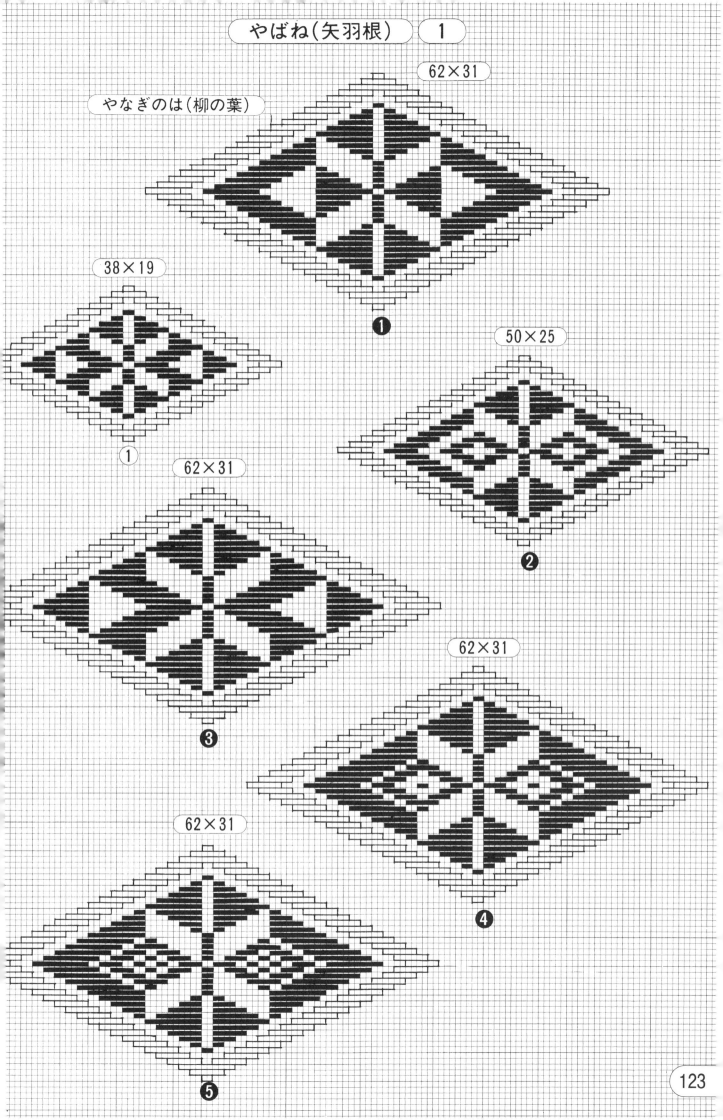

やばね（矢羽根） 2

6

7

8

ねこのまなぐ（猫の目）

9

10

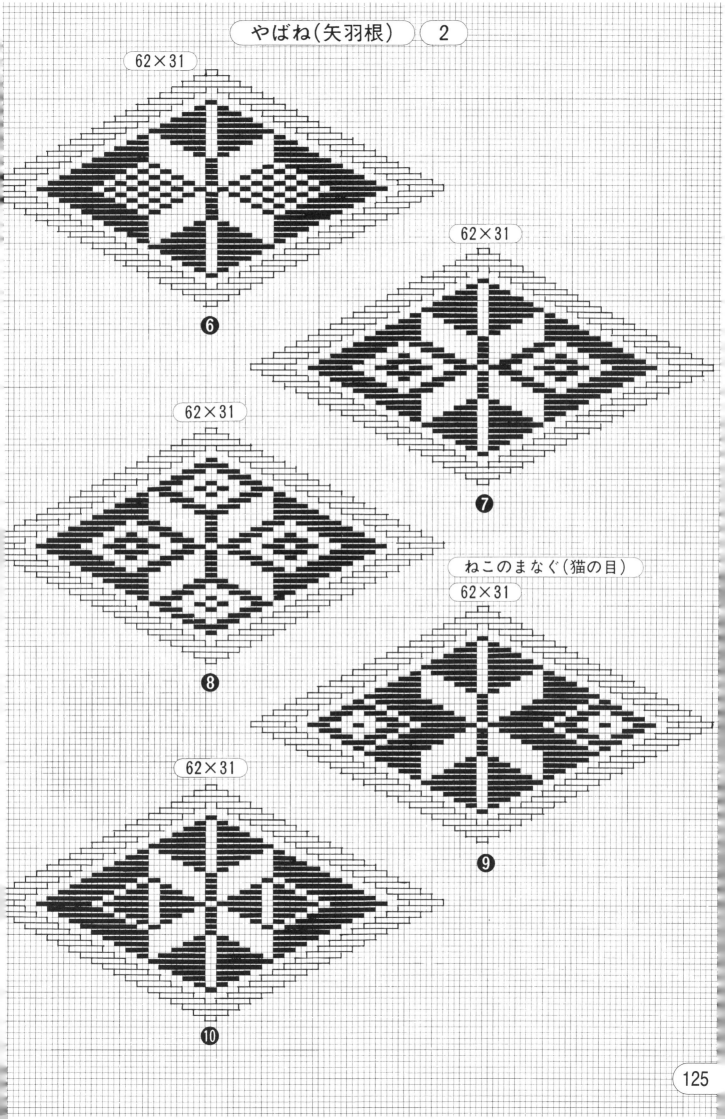

やばね(矢羽根) 3

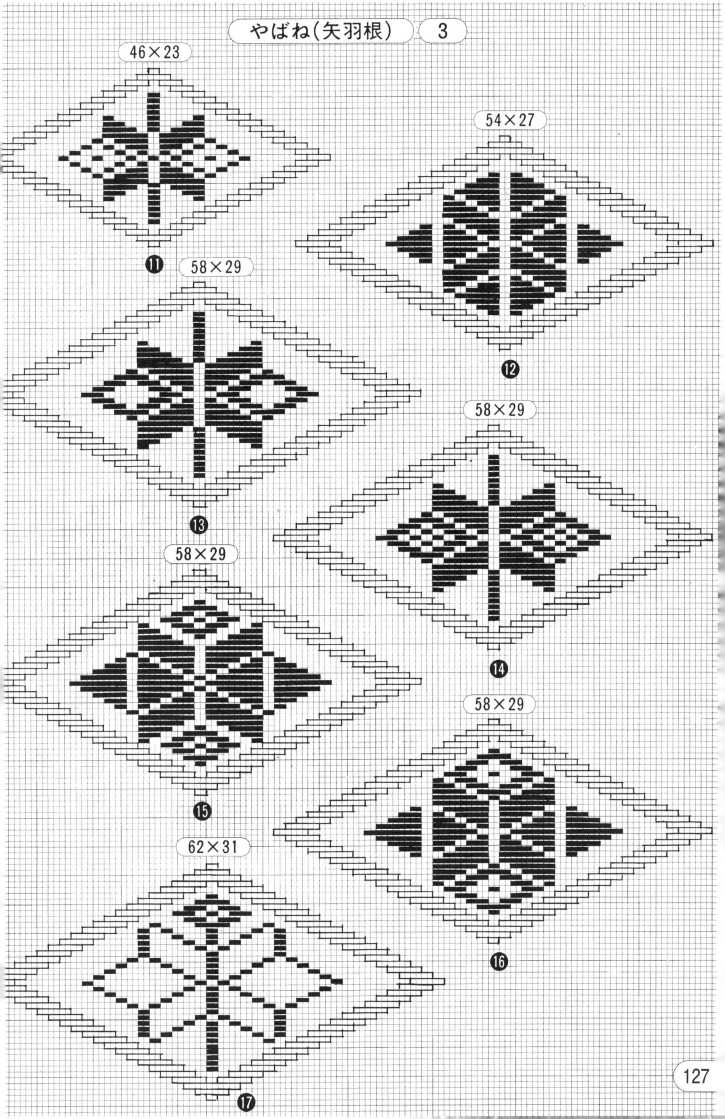

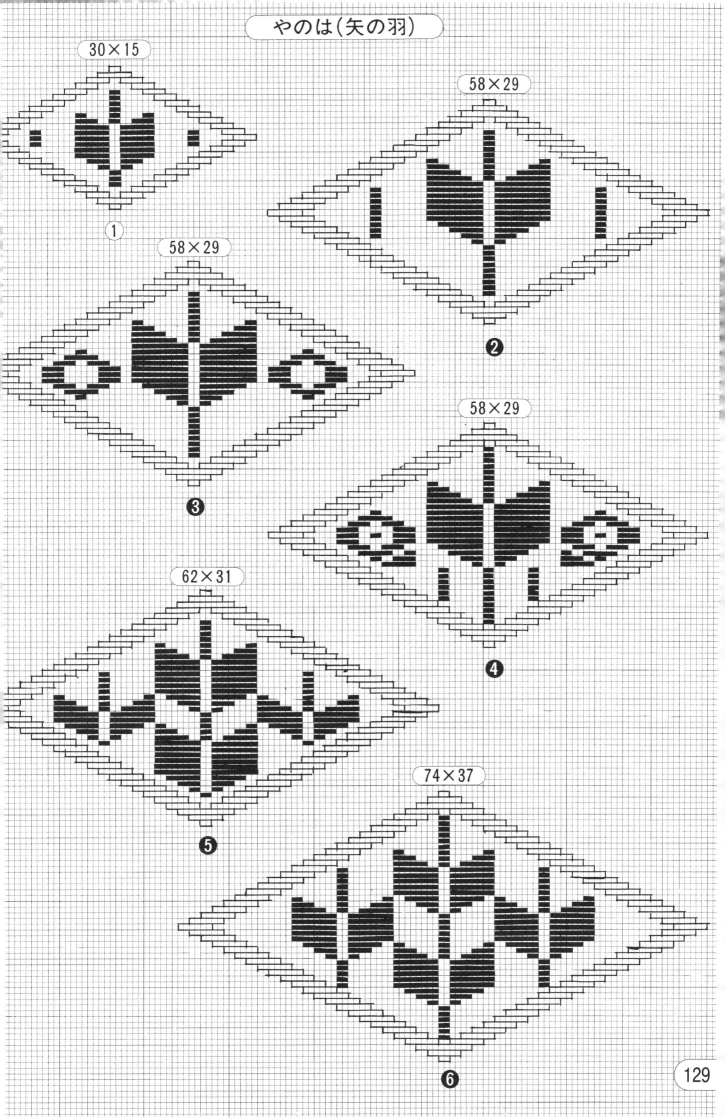

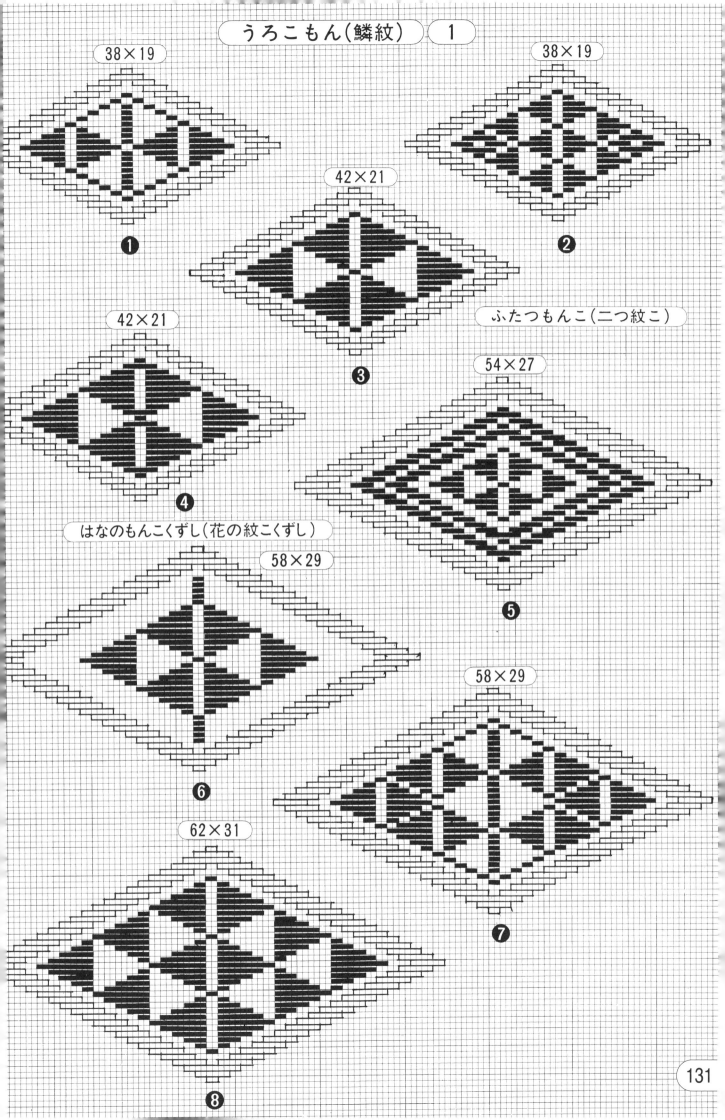

うろこもん（鱗紋） 2

うろこもん(鱗紋) 3

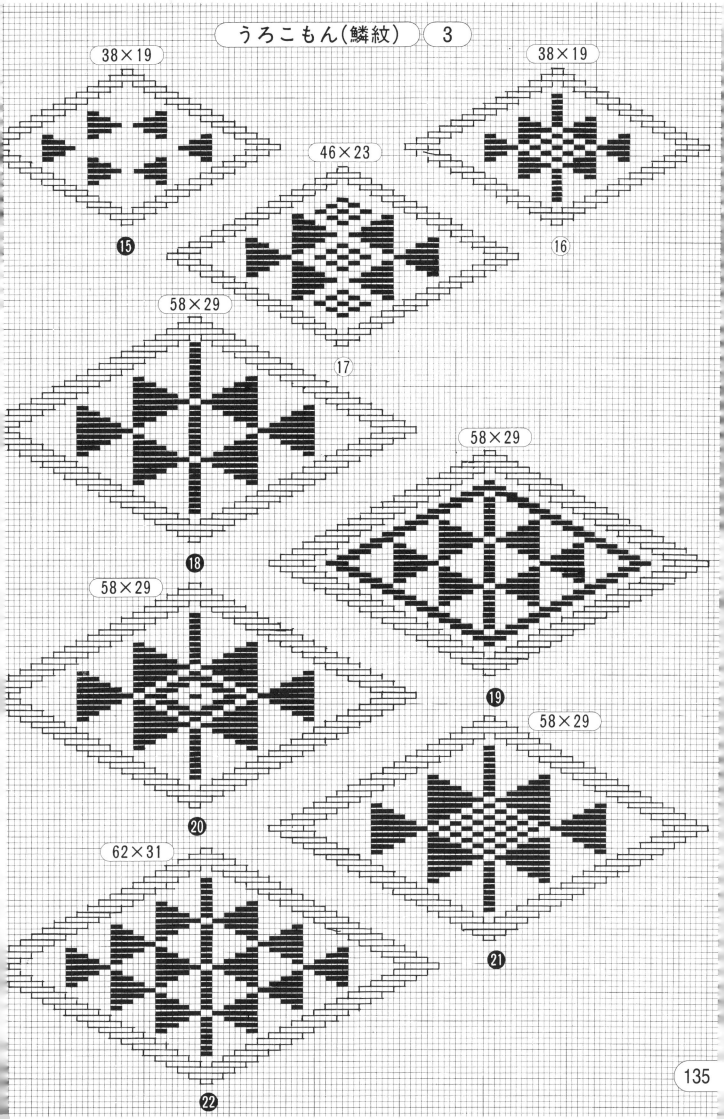

みっつびし（三つ菱） 1

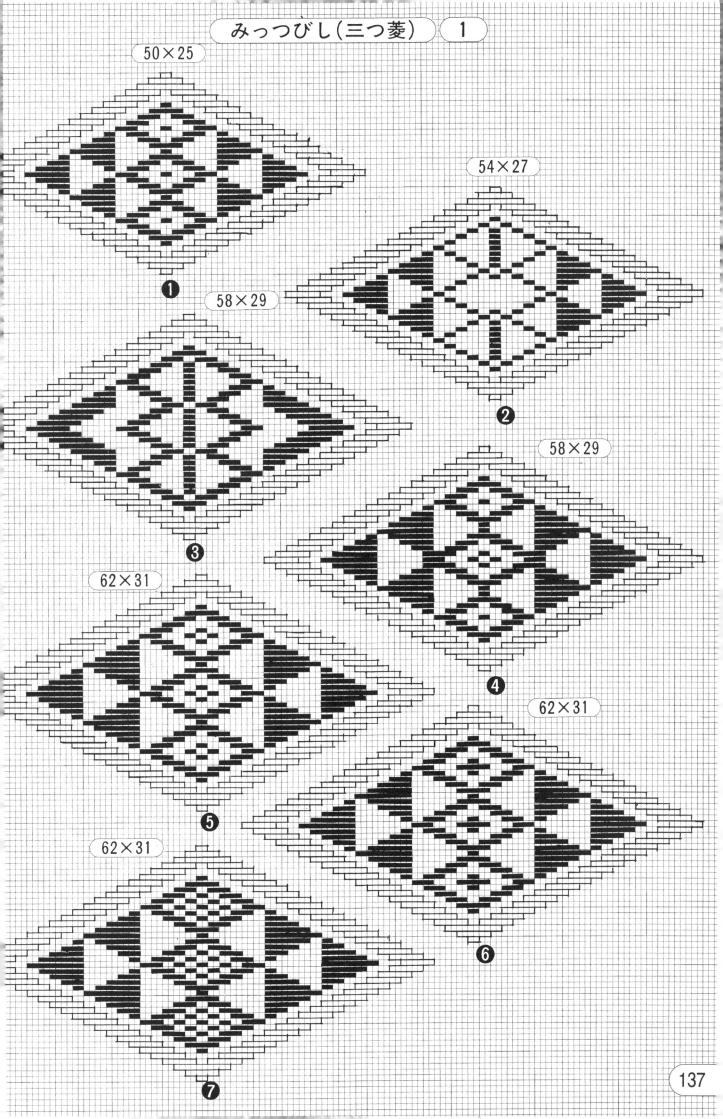

みっつびし(三つ菱) 2

138

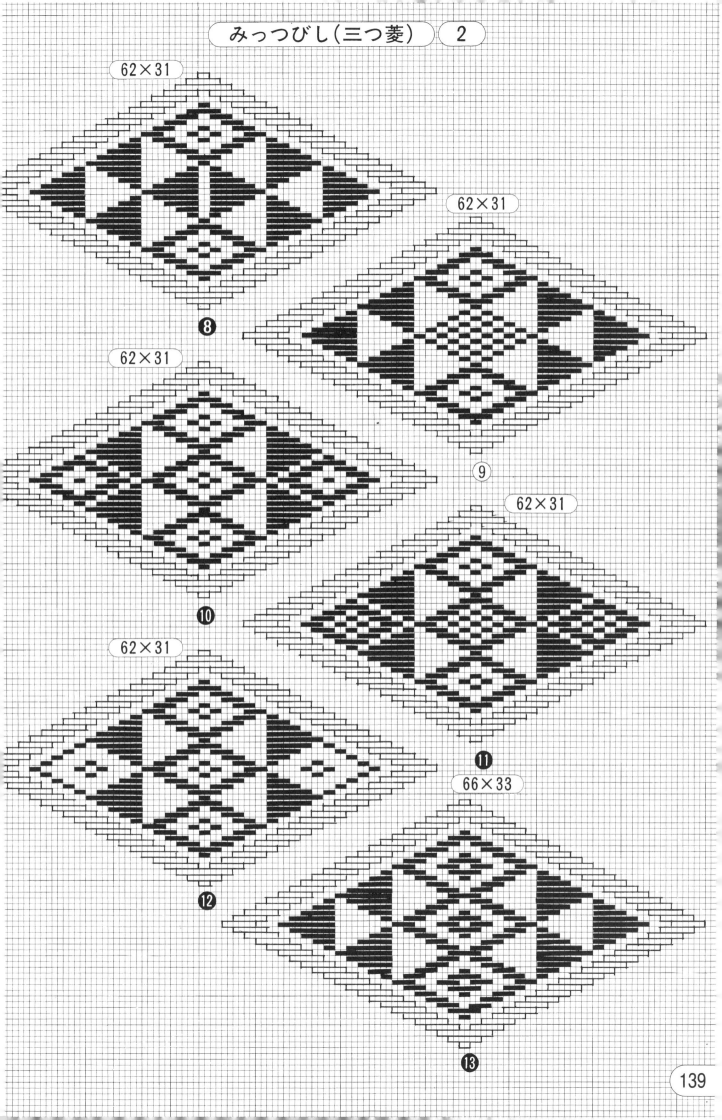

よっつびし（四つ菱） 1

1

2

3

4

5

6

7

8

9

140

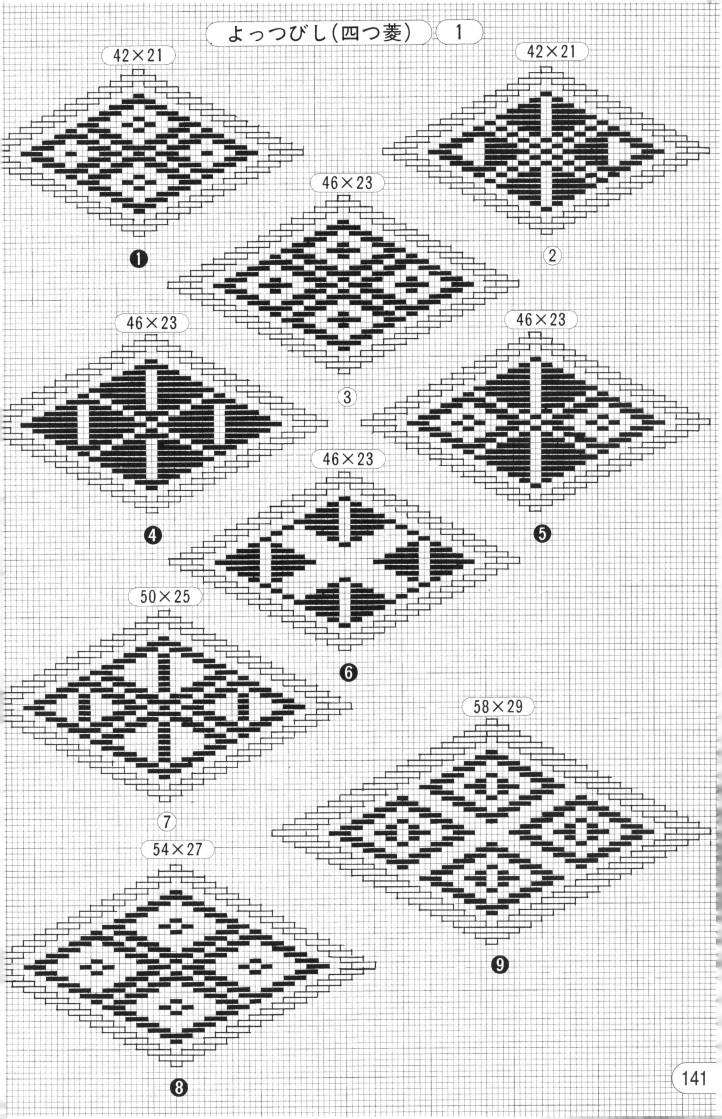

よっつびし（四つ菱） 2

10

11

12

13

14

15

142

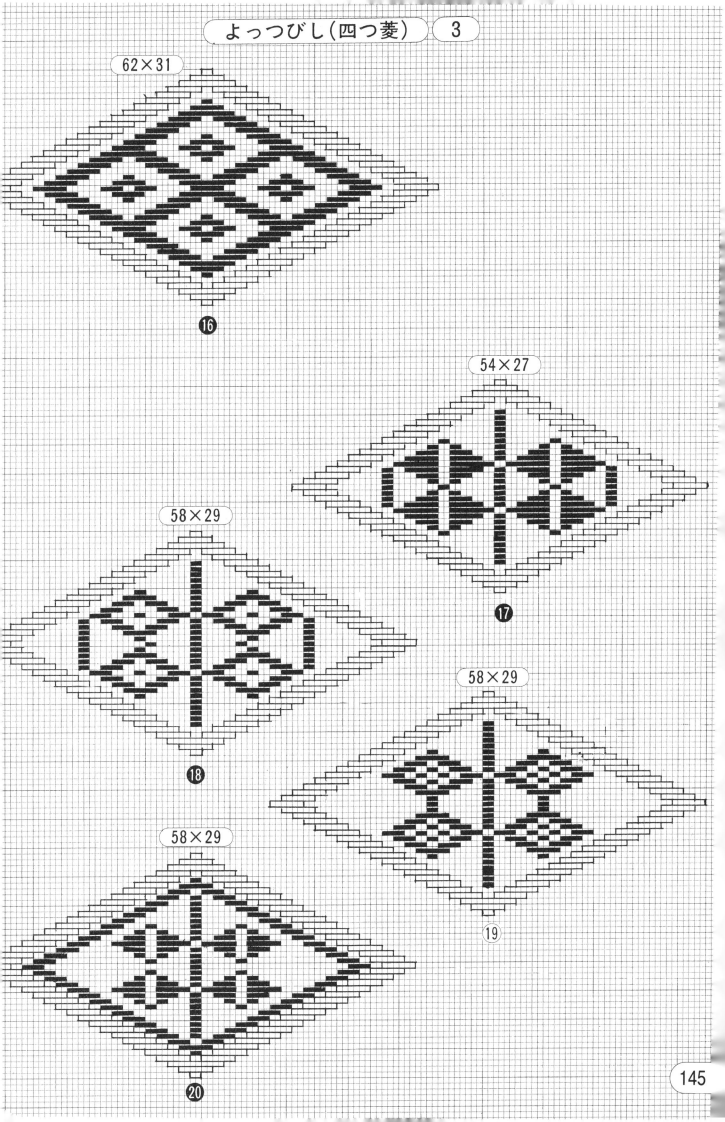

いつつびし（五つ菱） 1

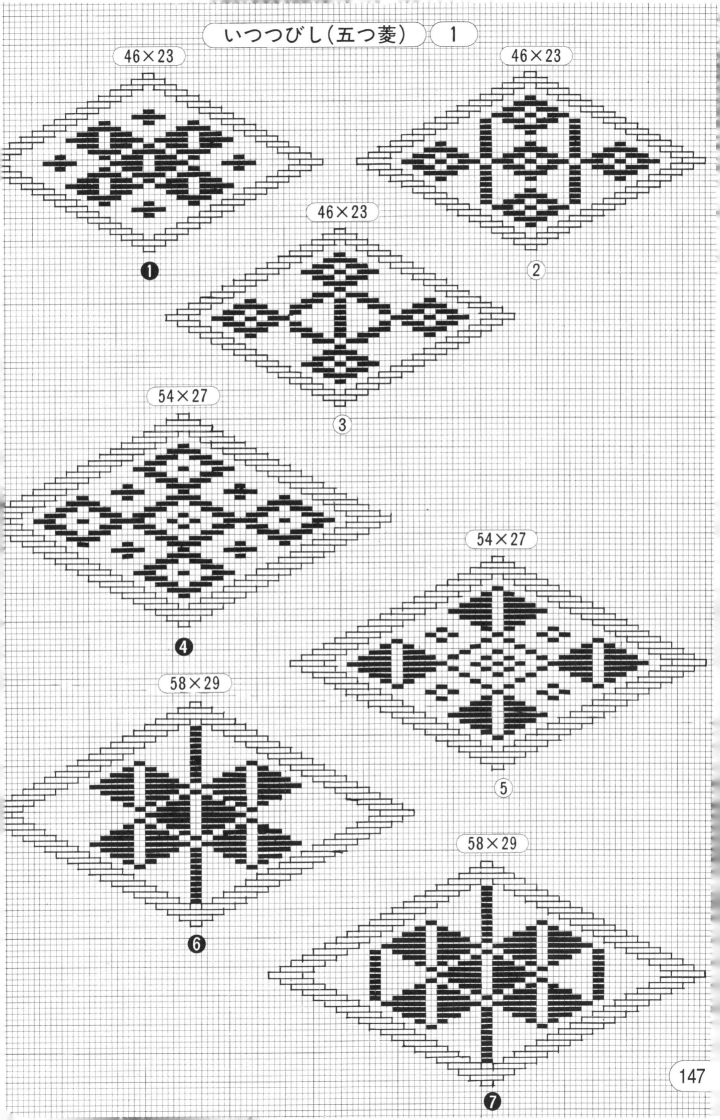

いつつびし（五つ菱） 2

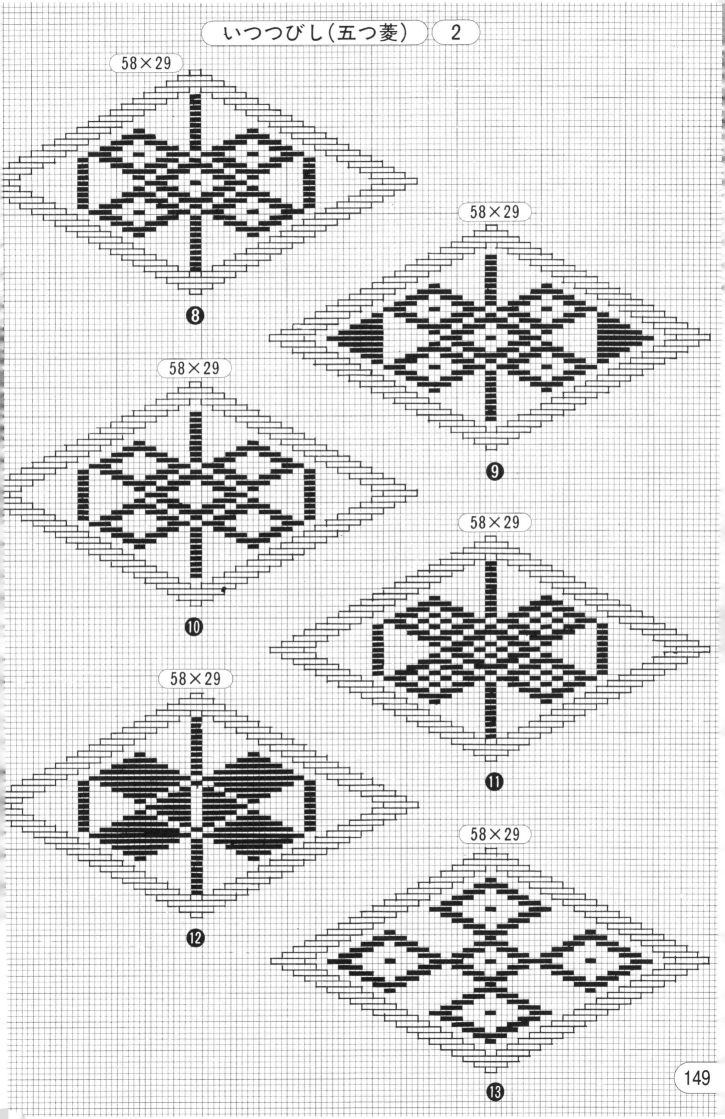

いつつびし（五つ菱） 3

ななつびし（七つ菱）

1

2

3

4

ななつびし（七つ菱）

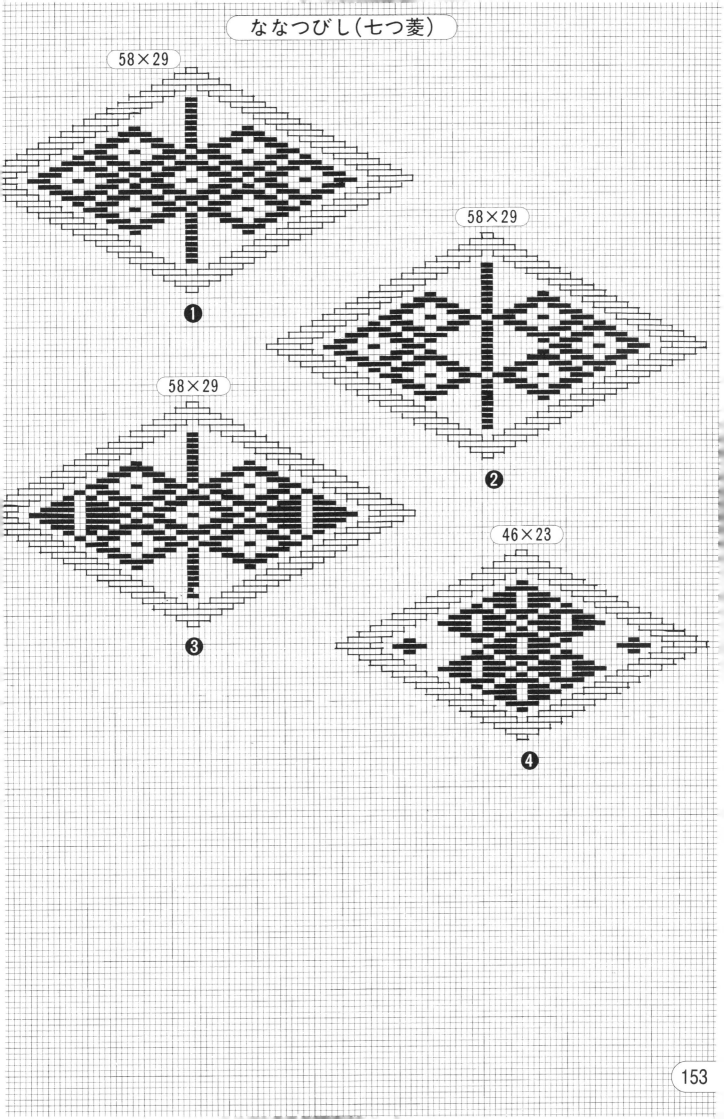

ここのつびし（九つ菱） 1

①
②
③
④
⑤
⑥
⑦

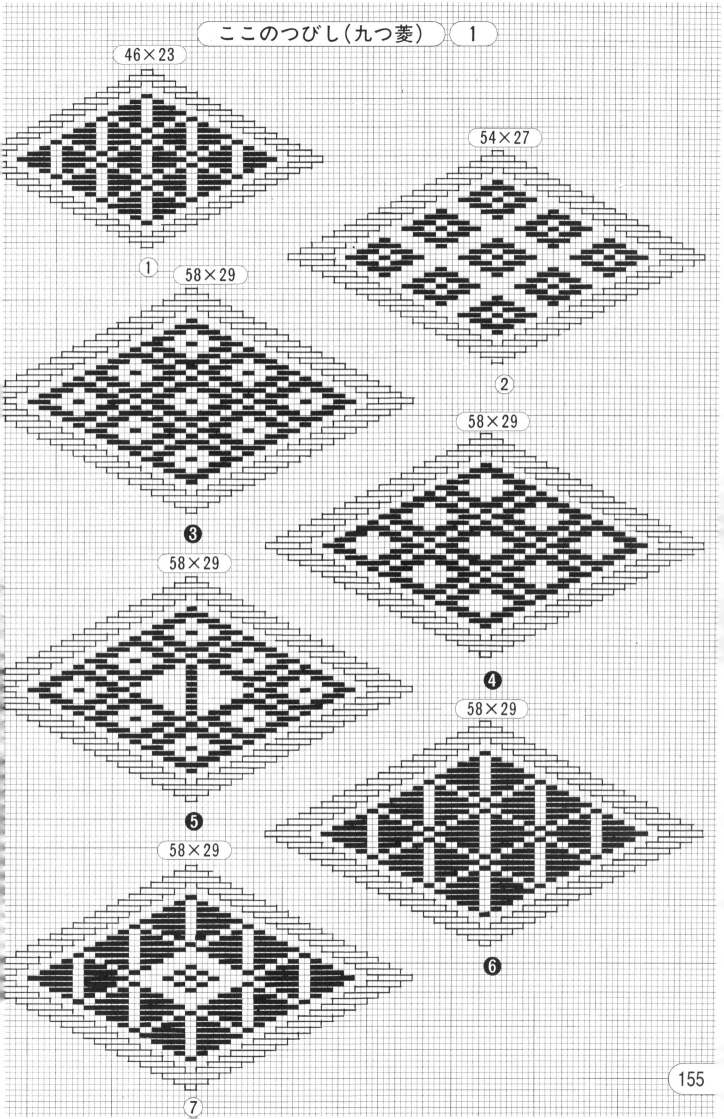

ここのつびし（九つ菱） 2

8

9

10

11

12

13

156

ここのつびし（九つ菱） 3

なしのもんこ（梨の紋こ） 1

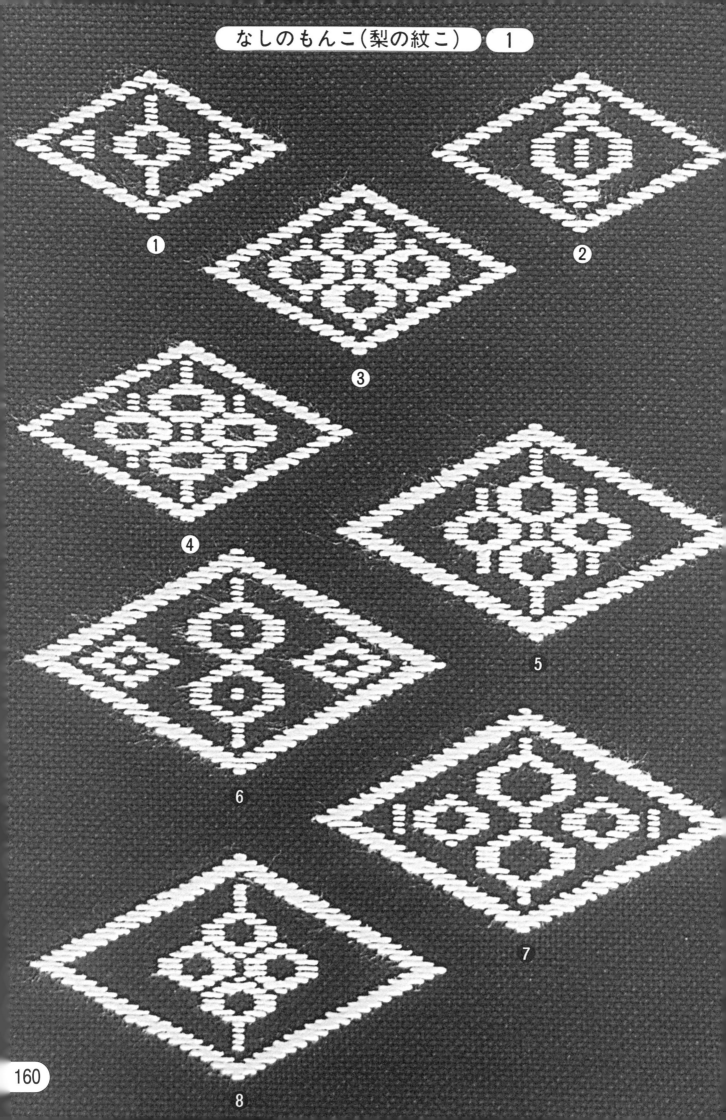

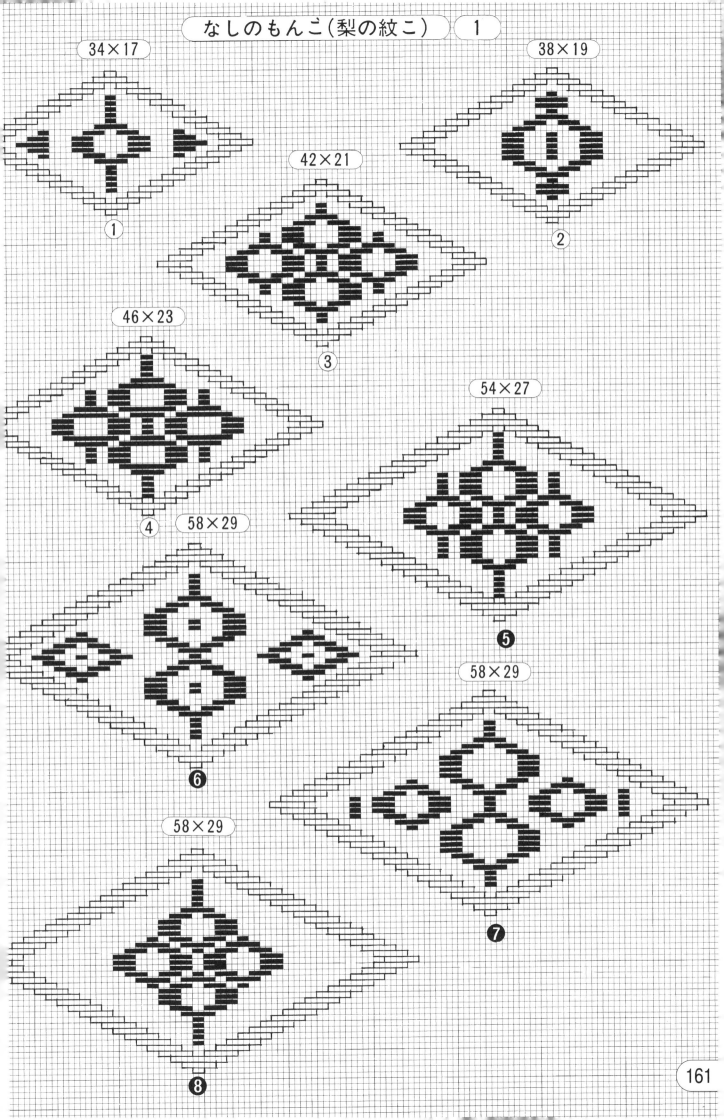

なしのもんこ（梨の紋こ）2

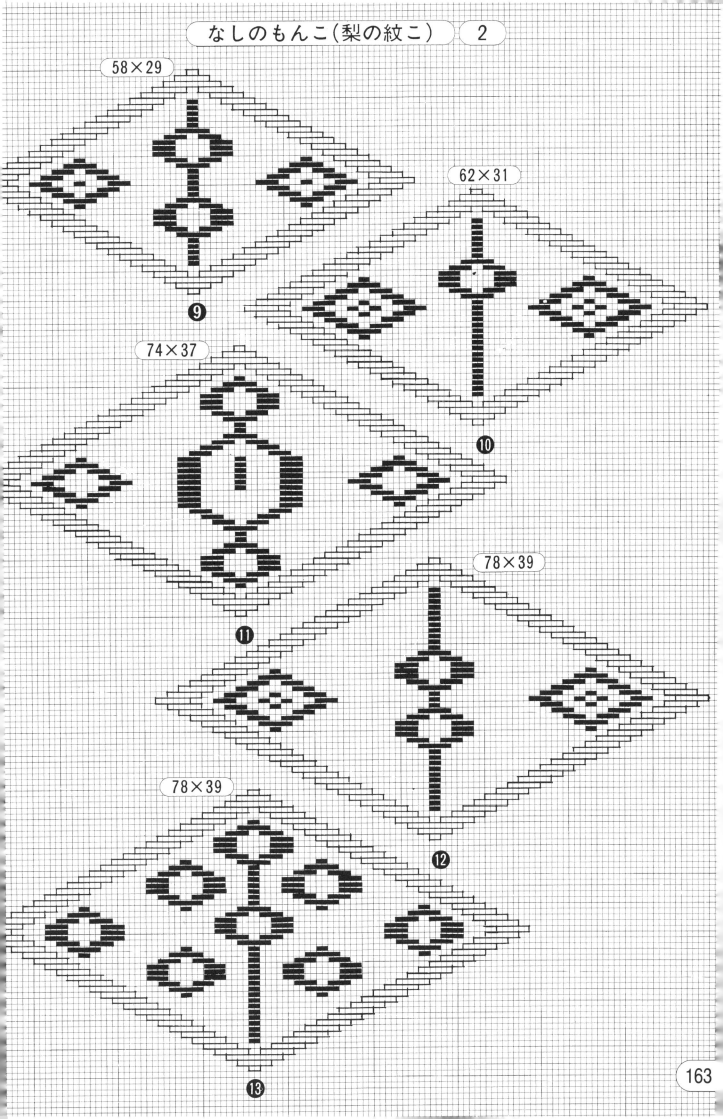

おおぎのもんこ（扇の紋こ） 1

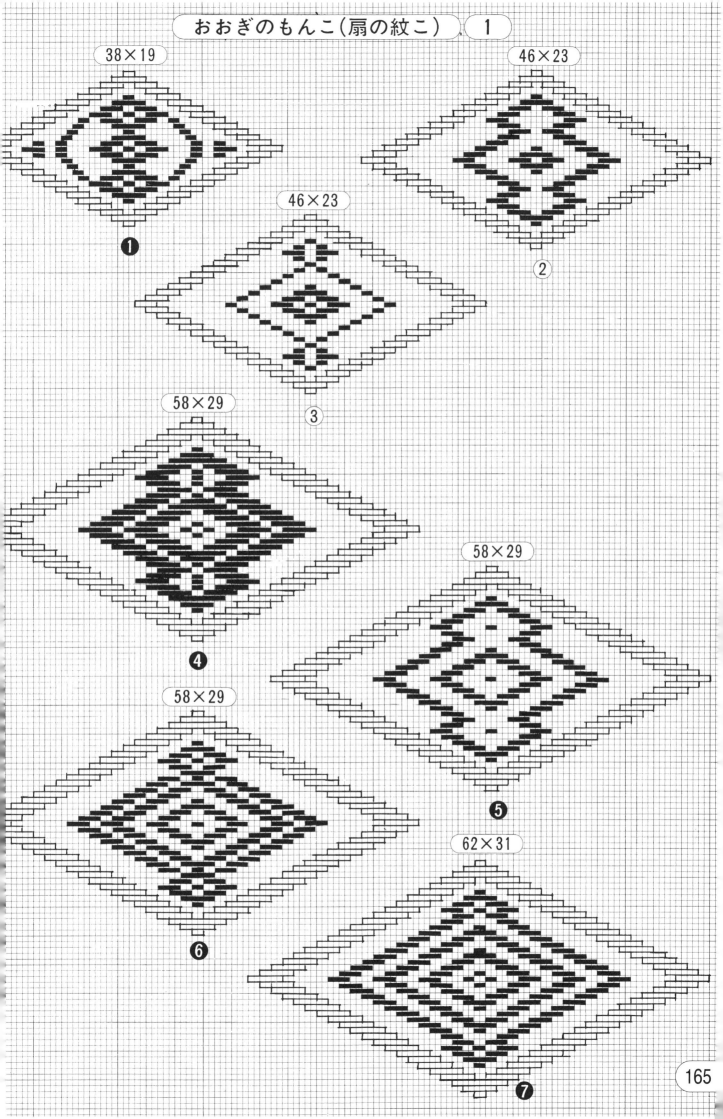

おおぎのもんこ（扇の紋こ） 2

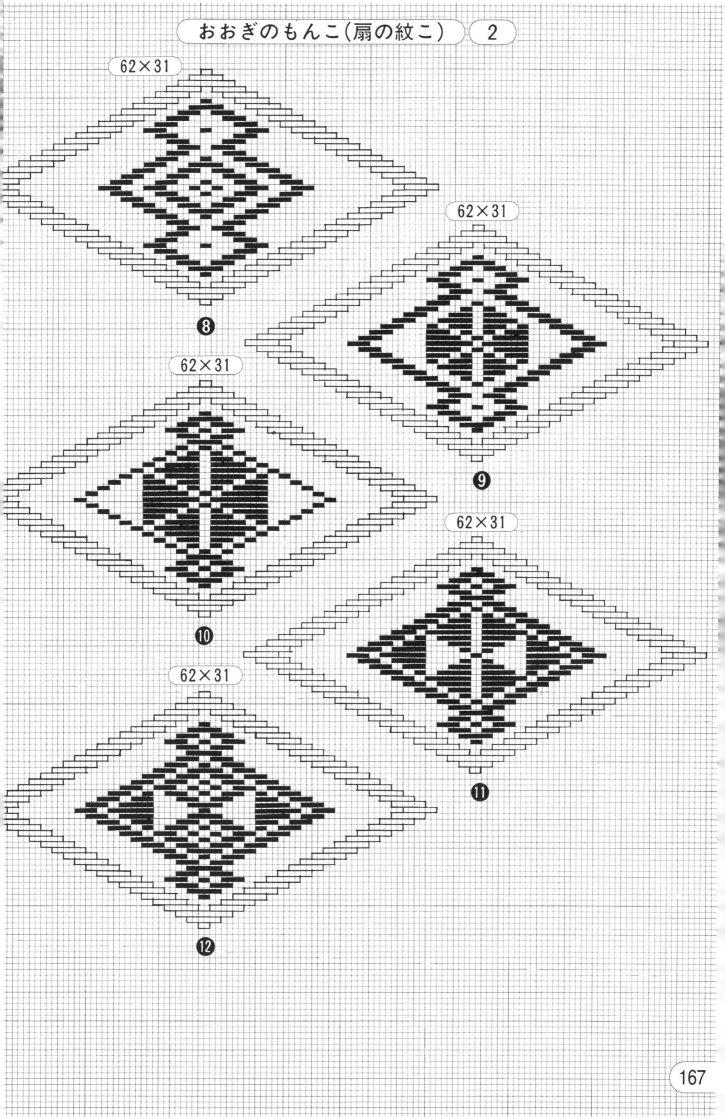

いしだたみ(石畳み)

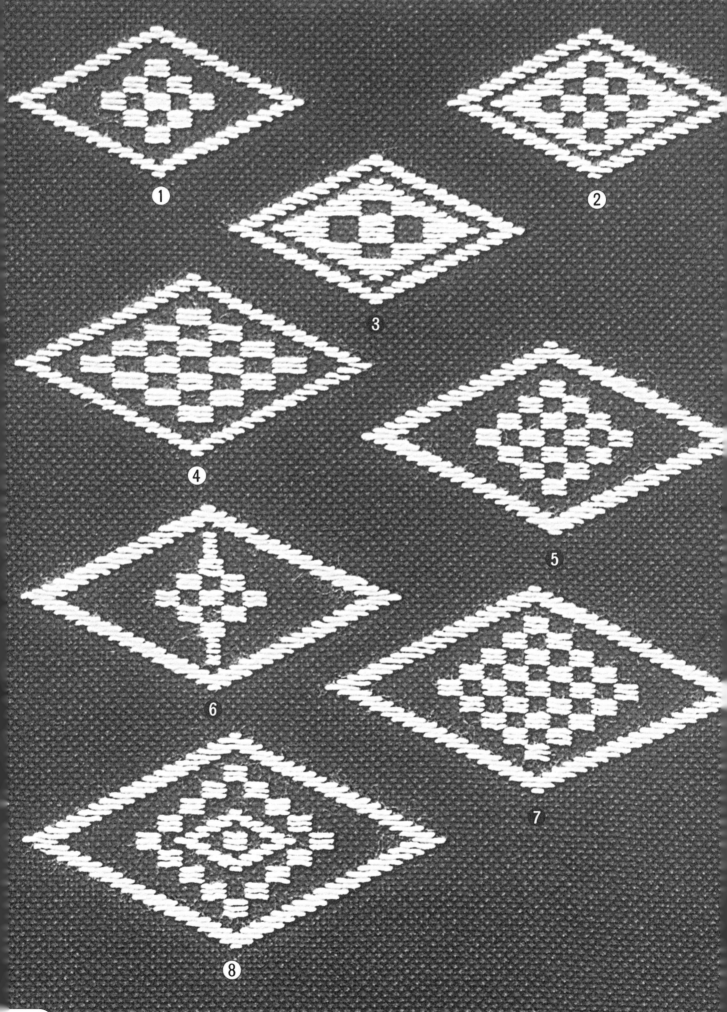

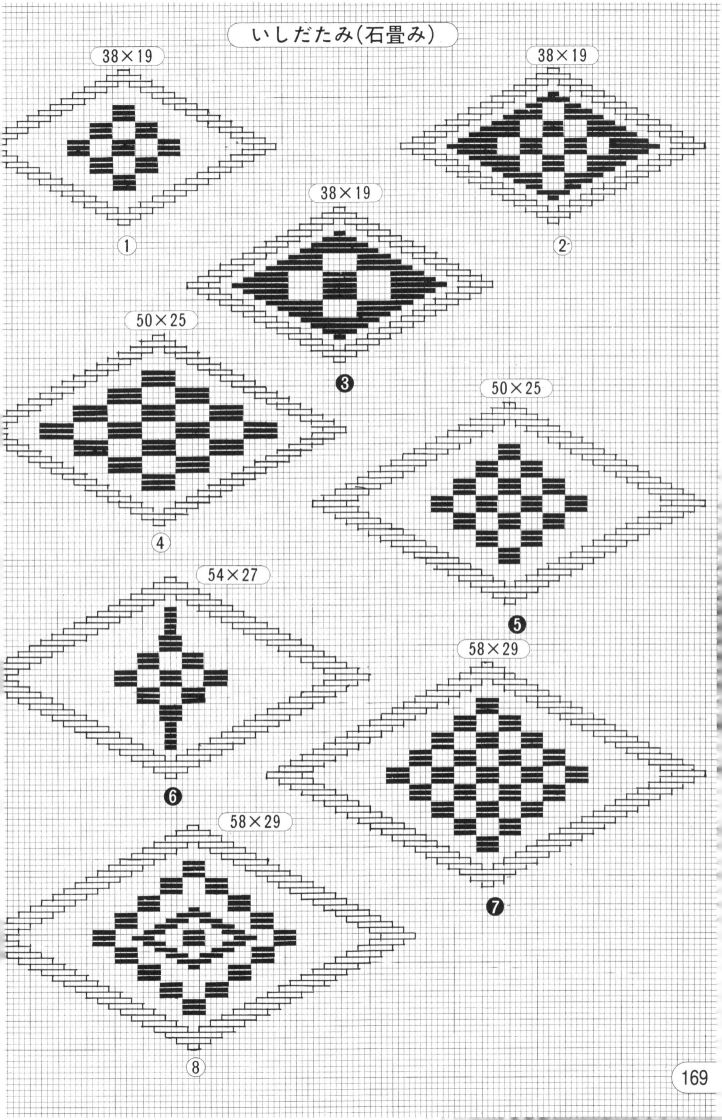

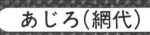
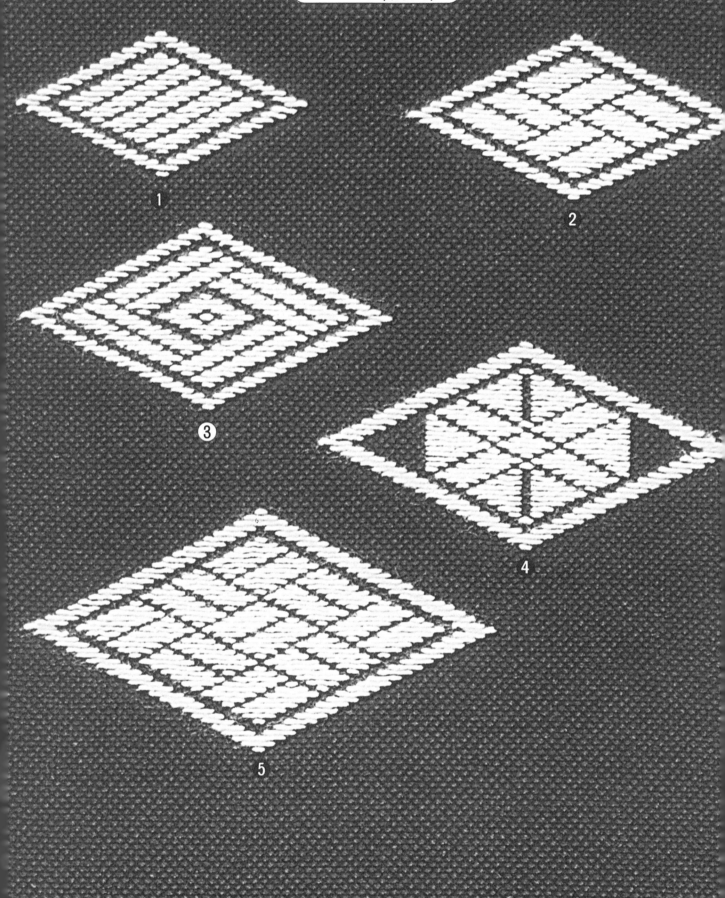

あじろ(網代)

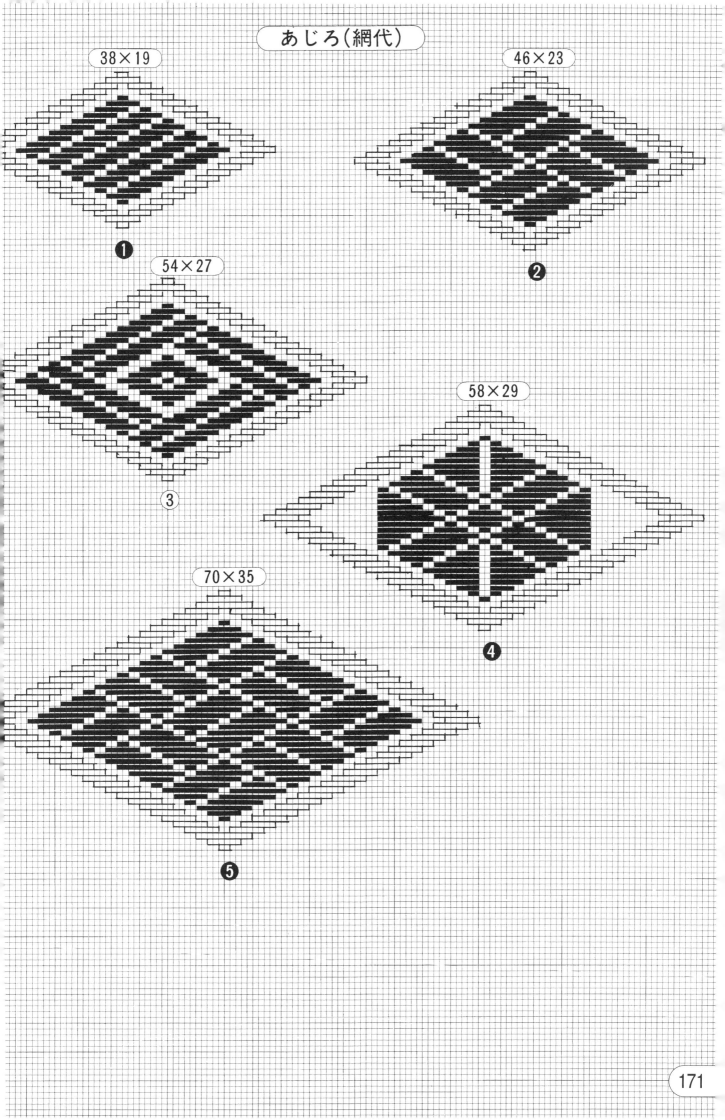

あいしげます(綾杉升)

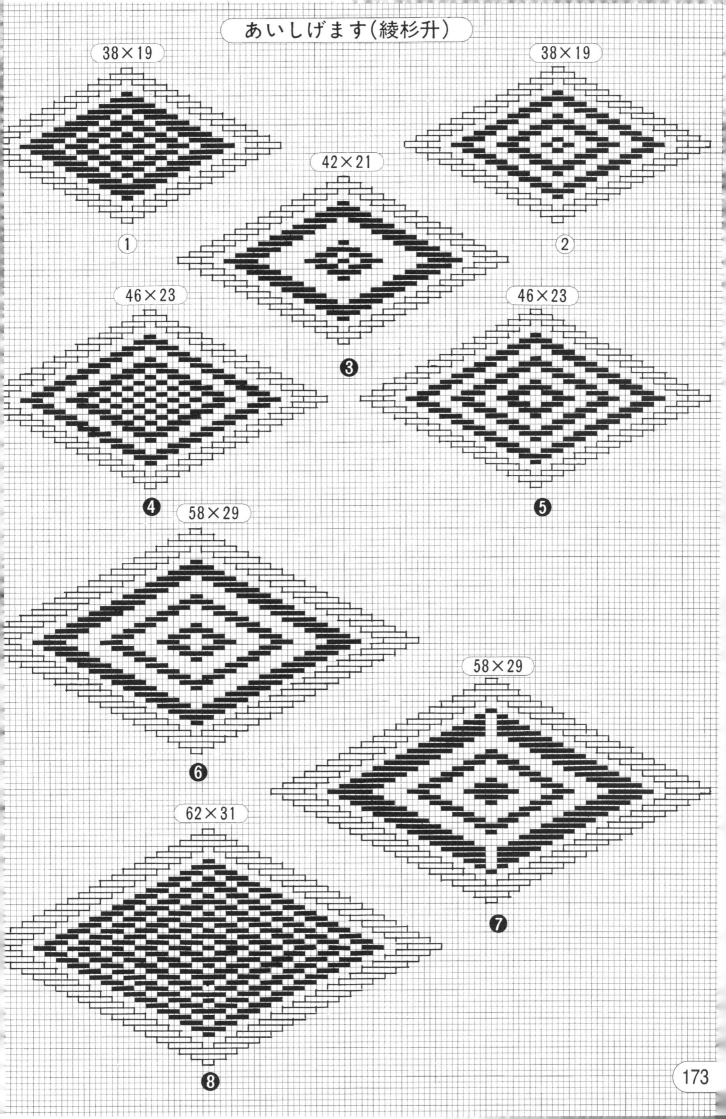

うまのまなぐ（馬の目）

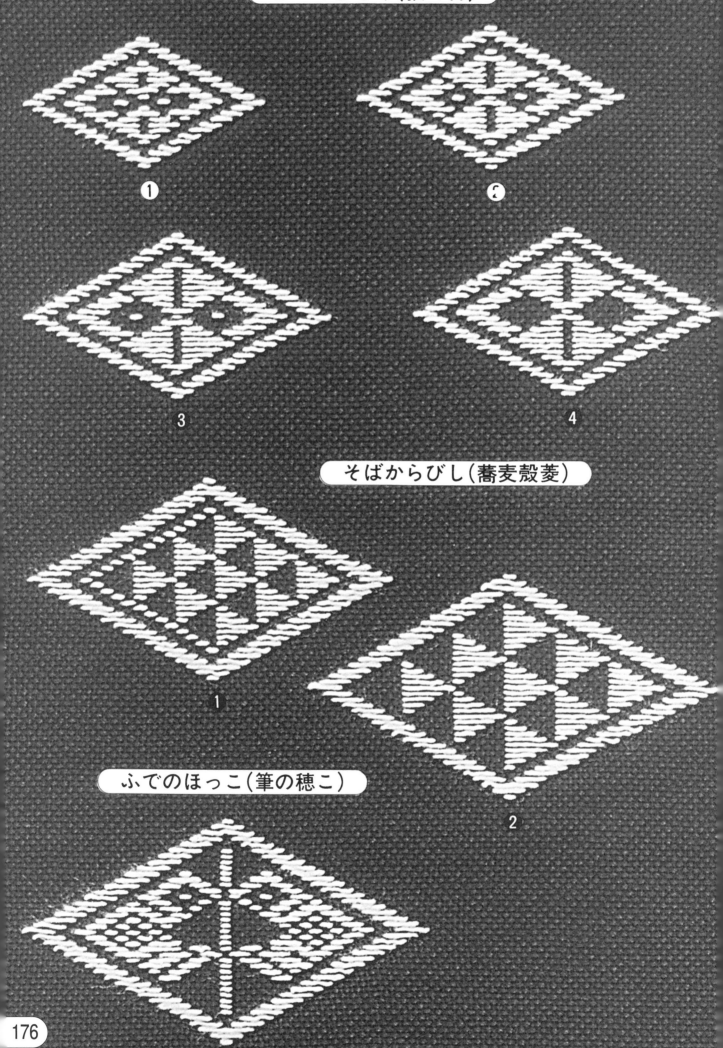

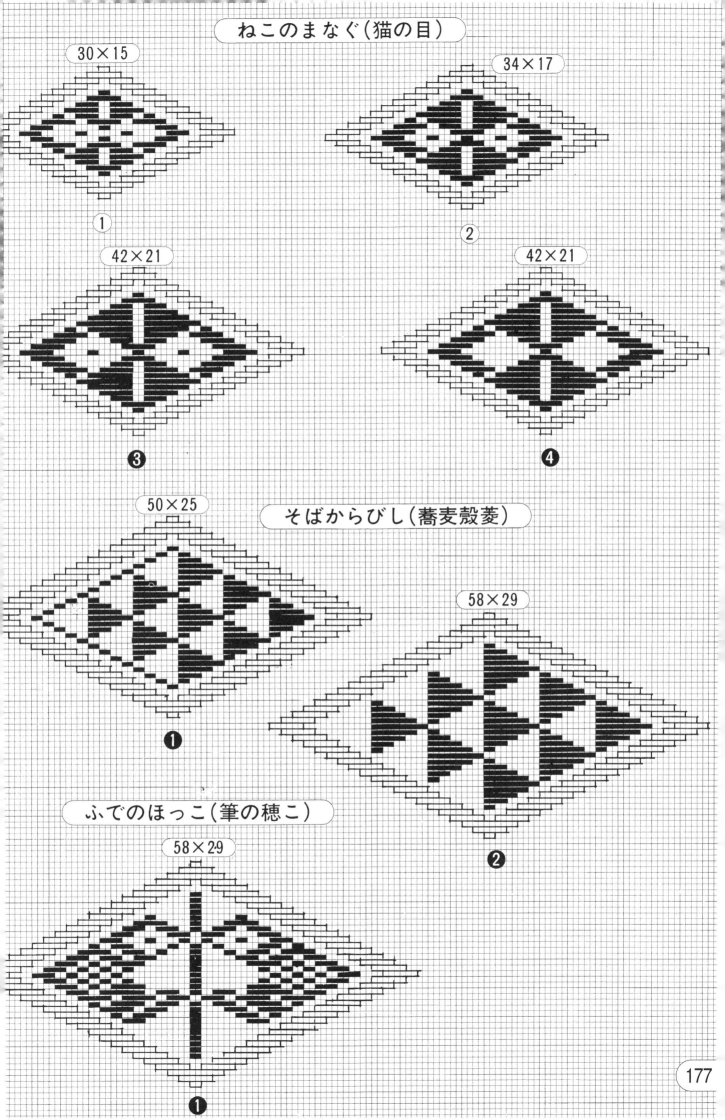

ひょうたん(瓢箪)

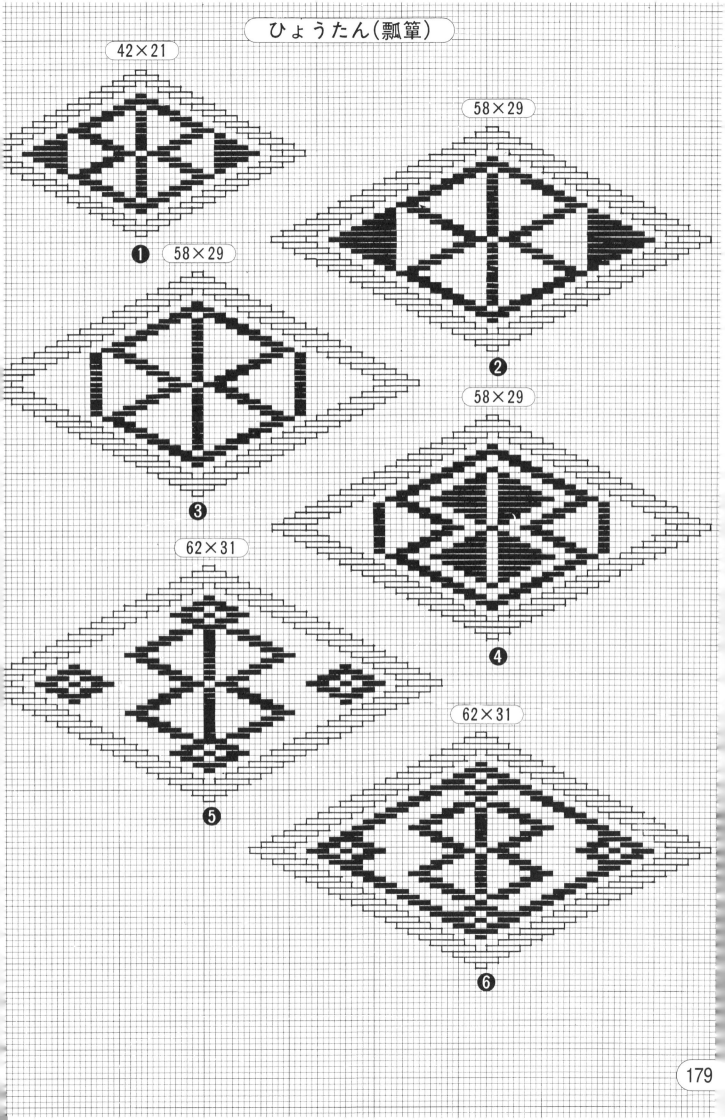

こま（独楽）

180

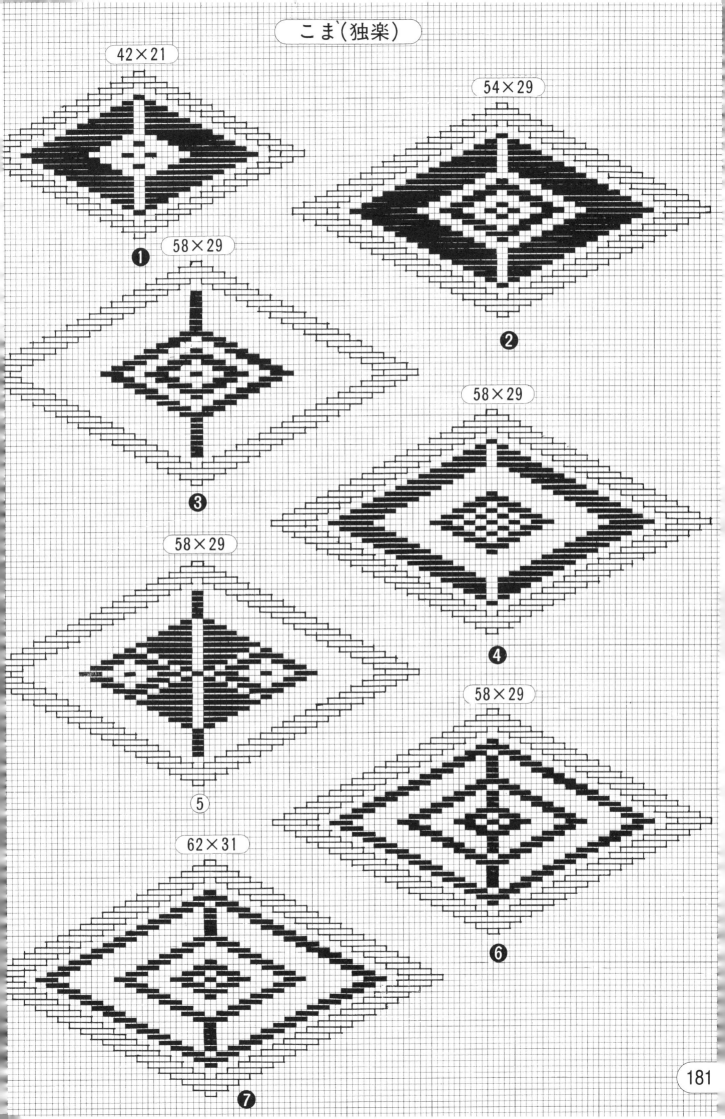

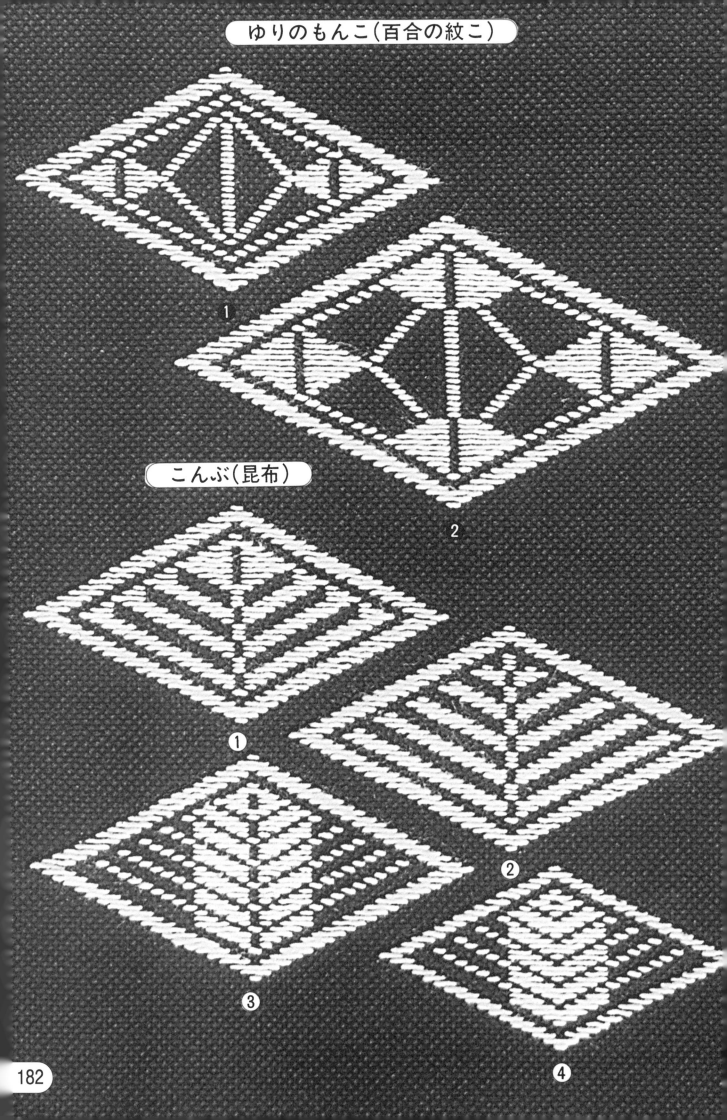

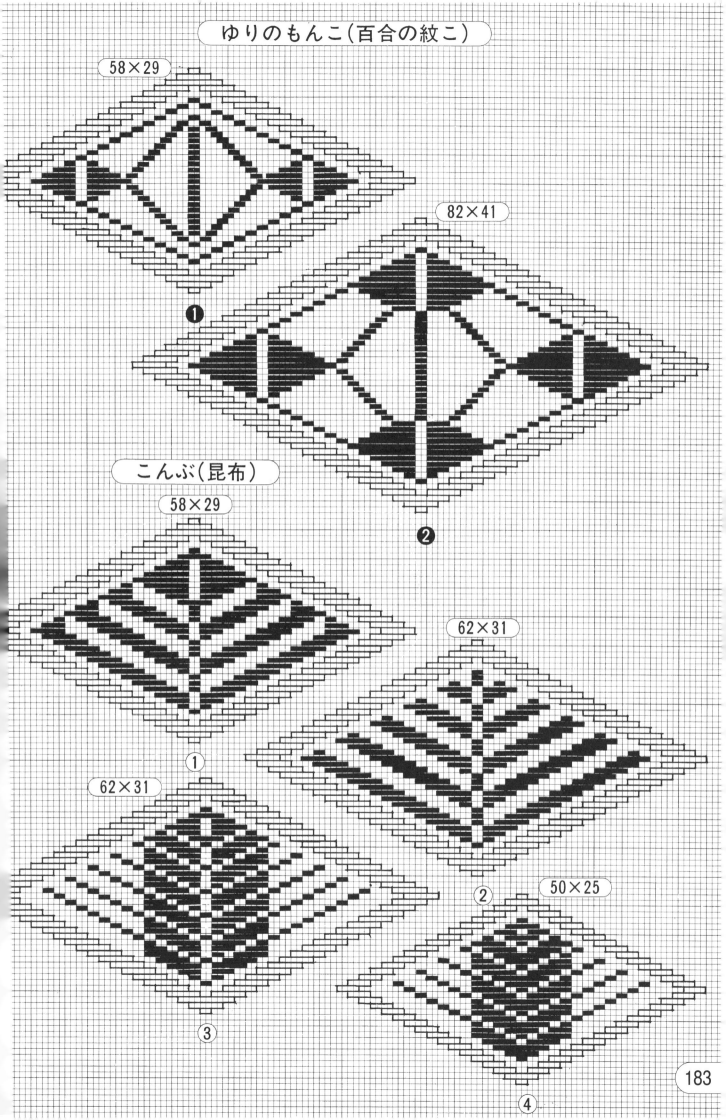

その他のかたざし（型刺し）

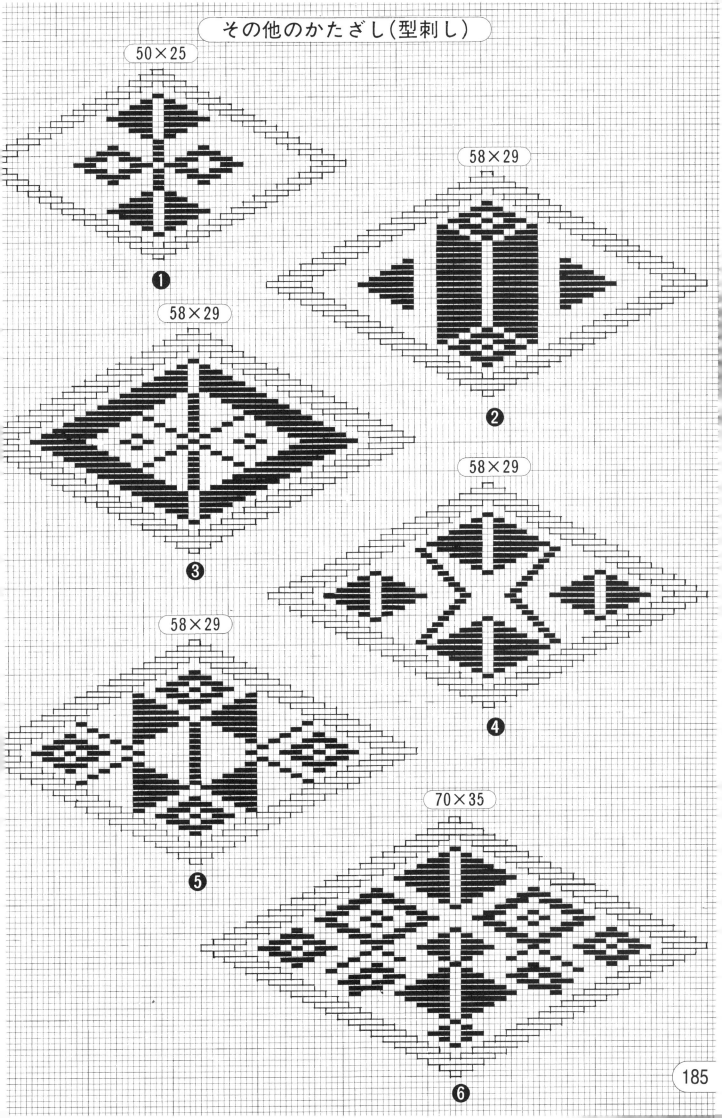

じざし （地刺し）

　広い面積を刺す場合や、ももひき、着物の肩、袖などに刺すとき、また小物などを刺すときに、菱の枠のない模様を刺します。これを、じざし(地刺し）といいます。

　小さい単位模様を並べたり、型刺しの枠を除いて並べる場合もあります。

丸　刺　し

　菱刺しは緯糸にそって刺すのが原則ですが縦に刺すのと組合わせると、丸を表現することが出来ます。ここでは「きじのあし」を使っていますが他の模様に置きかえたりいろいろ応用しますと面白い効果が得られます。

さんがいびし （三蓋菱・三階菱）

①色の変化によるさんがいびし口絵7頁下参照
②刺し方の変化によるさんがいびし。

のしざし

　前掛の上部を刺すときに前掛をしめたときに体になじみやすくするように
やわらかな刺し方をします。これを「のしざし」といいます。のざしもいろ
いろありますが間隔をあけて刺したり、縦に刺したりします。

●上の模様の刺し方

　1．表二目裏四目で一段おきに地刺しをする。

　2．1で出来た目に斜や格子に糸を通す。

●「くものいがき」は、のしざしの一種で古作によく使われています。写真左
上に刺し方を示しました。

　1．2cm角位縦横に四角に刺す。

　2．糸二本どりにして格子の交点に必ず糸が渡るように斜に刺す。交点は
　　　糸をゆるく。

　3．次に一本どりで二本どりの糸と交差するように、交点では糸を分け丸
　　　くなるように留めながら斜に刺す。

　ちょうど蜘蛛の巣のように見えるので「くものいがき」と名付けたのでし
ょう。いがきは蜘蛛が巣をかけること。色糸を使い分けると可愛い小花が咲
いたようにみえます。

じざし(地刺し) 1

いしだたみ(石畳)

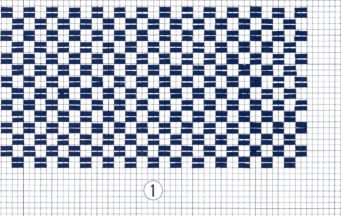

①

いしだたみ(石畳)

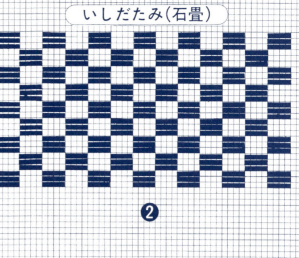

❷

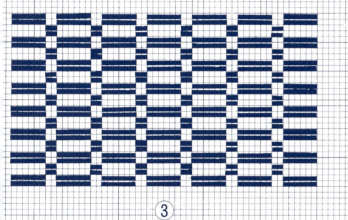

③

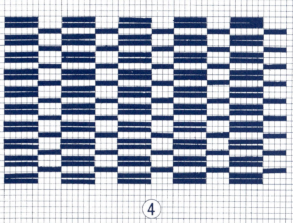

④

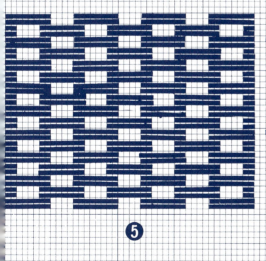

❺

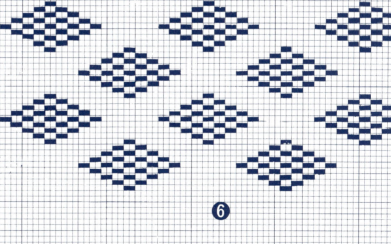

❻

すぎあや(杉綾)

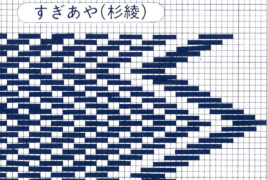

❼

たてあやすぎ

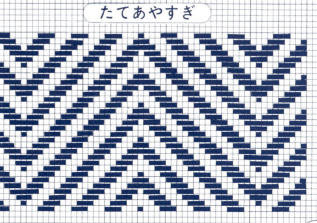

❽

189

じざし(地刺し) 2

あみのふし

じざし(地刺し) 2

あみのふし

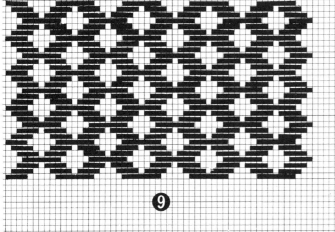
⑨

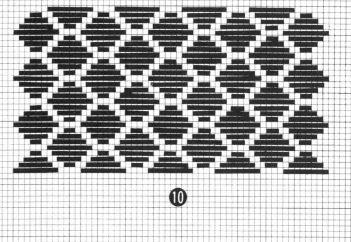
⑩

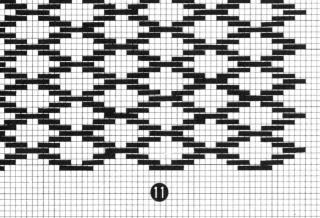
⑪

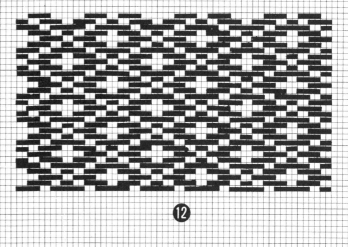
⑫

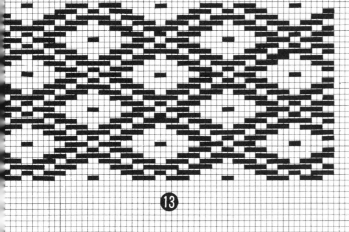
⑬

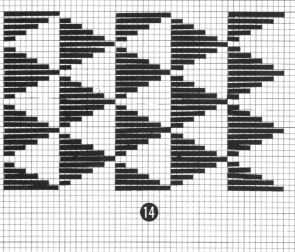
⑭

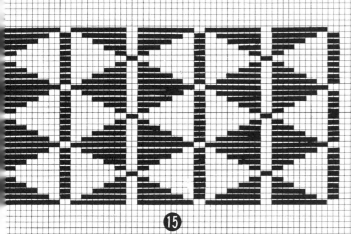
⑮

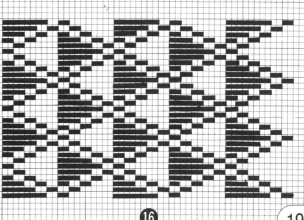
⑯

じざし（地刺し） 3

じざし(地刺し) 3

じざし（地刺し） 4

25

26

やなぎのは（柳の葉）

27

28

29

30

じざし（地刺し） 4

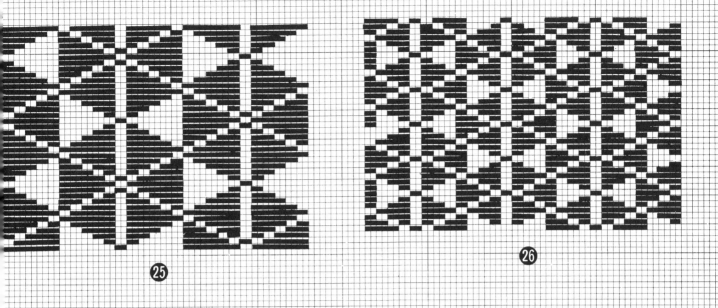

㉕ ㉖

やなぎのは（柳の葉）

㉗ ㉘

㉙ ㉚

じざし（地刺し） 5

じざし(地刺し) 5

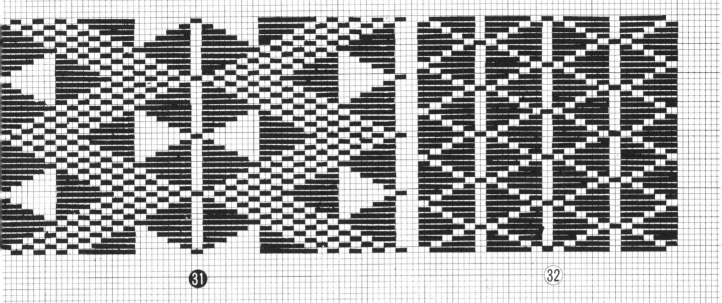

㉛ ㉜

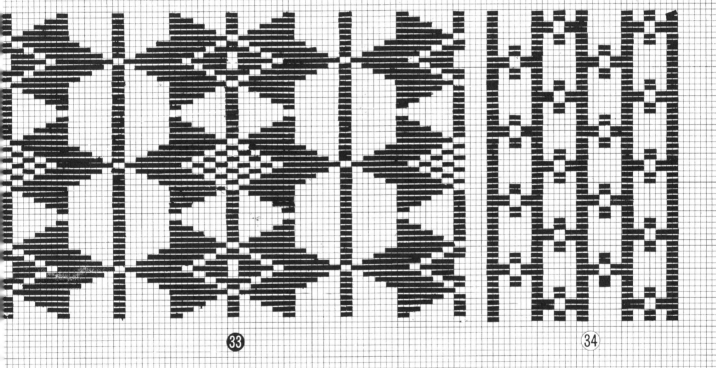

㉝ ㉞

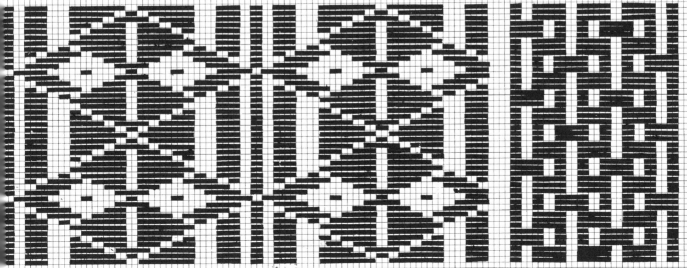

㉟ ㊱

じざし（地刺し） 6

すすきたばね

37

38

39

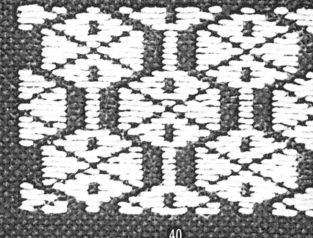

40

41

42

43

じざし(地刺し) 6

すすきたばね

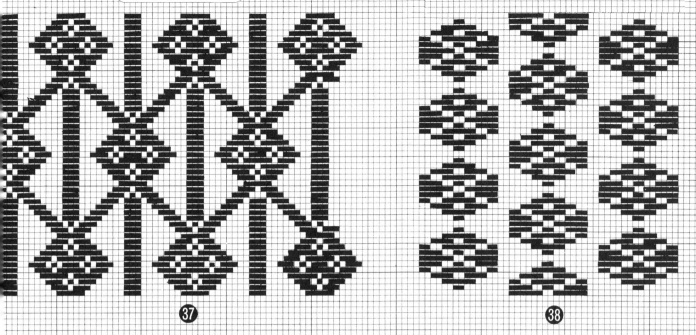

㊲　㊳

㊴　㊵

㊶　㊷　㊸

じざし(地刺し) 7

ふねのほ(舟の帆)

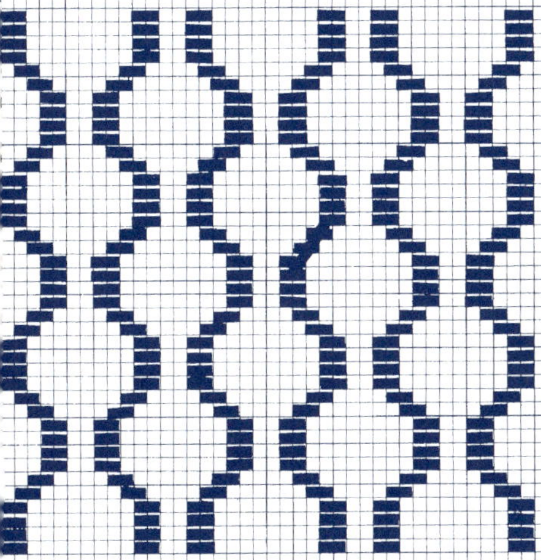
(50)

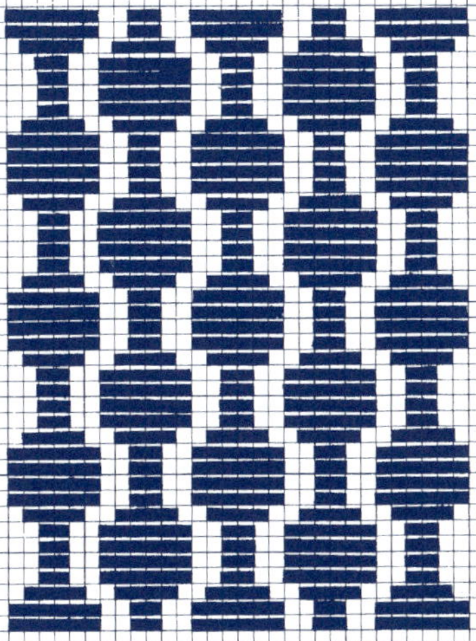
(51)

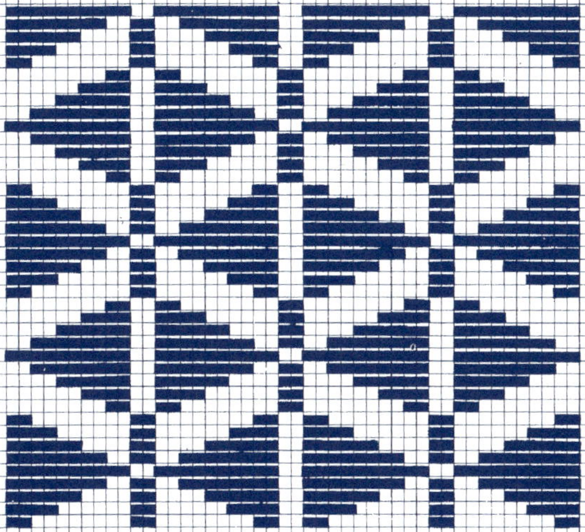
(52)

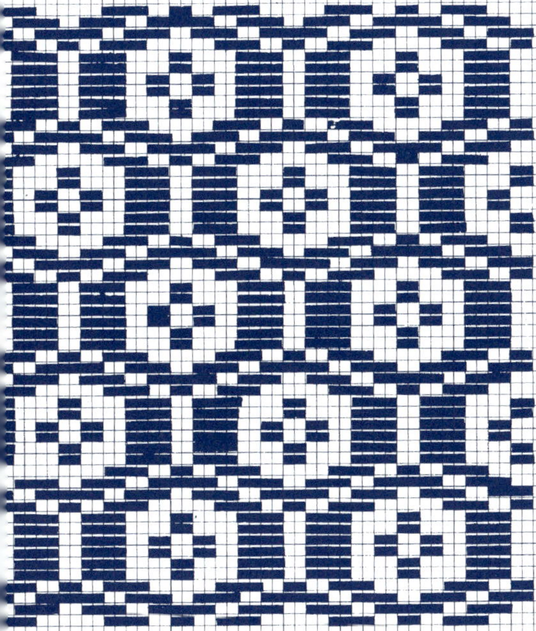
(53)

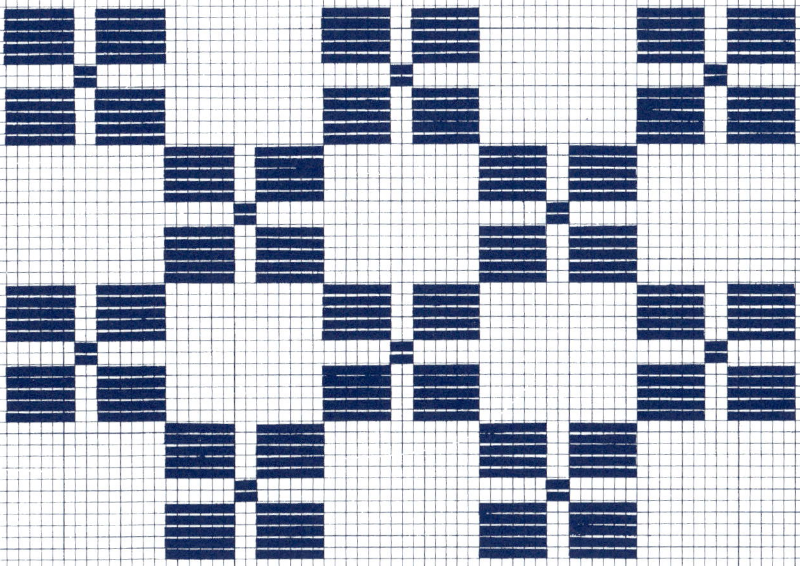
(54)

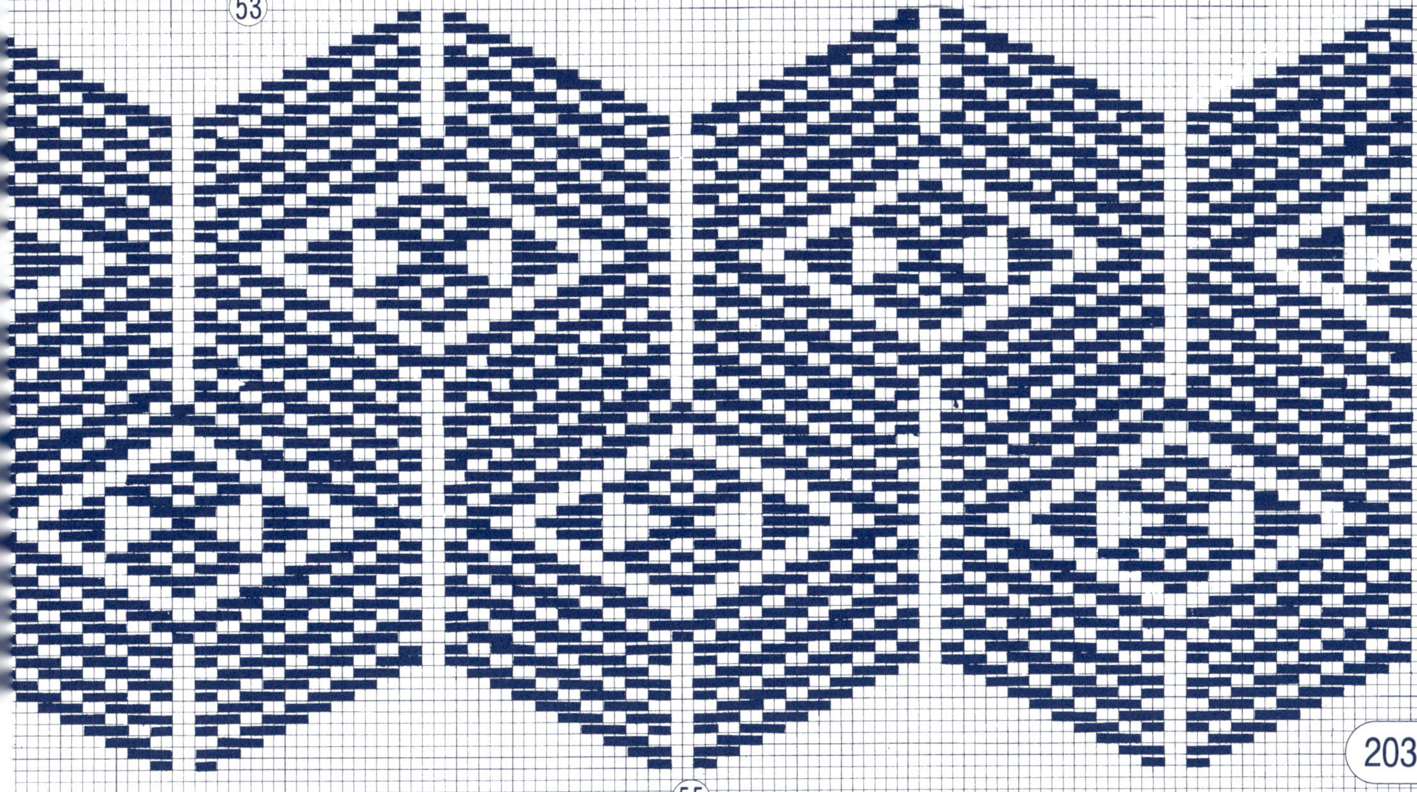
(55)

じざし（地刺し） 9

56

57

丸刺し 1

丸刺し 1

丸刺し 2

さんがいびし（三蓋菱、三階菱）

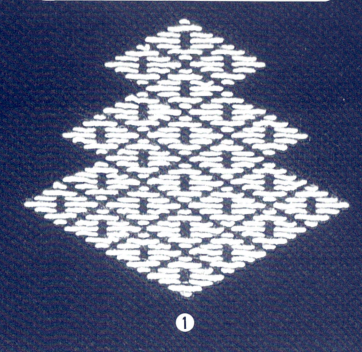

①

②

さんがいびし（三蓋菱、三階菱）

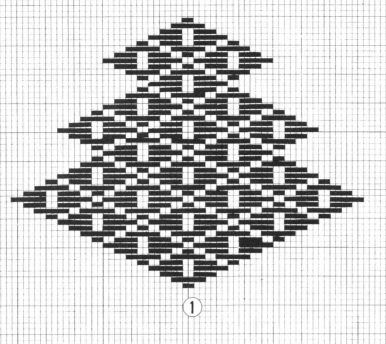

①

②

のしざし

くものいがき

お わ り に

おおぜいの方々のご協力で古作に新作を加えた菱刺し模様集をまとめることが出来ました。きっかけを作って下さり全面的にご協力を賜りました株式会社鵬紙業社長　戸塚浩二様、万乃様、ご夫妻に厚く御礼申し上げます。

新作模様の創作については八戸ひしざしの会の皆様、刺しについては鎌倉ひしざしの会の皆様が担当して下さいました。どうもありがとうございました。

鵬紙業の大木正蔵様、写真の吉田繁様、お世話になりまして本当にありがとうございました。

1989年9月　八田愛子・鈴木堯子

参考文献

南部つづれ菱刺し模様集　　田中忠三郎著　北の街社

菱刺しの技法　"新技法シリーズ153"

八田愛子・鈴木堯子著　美術出版社

白糸で刺した部分は「梅の花」、ベージュの糸は「九つ菱」、青糸は「鱗紋」、赤糸は「矢羽」。伝承の模様を組み合わせて作った壁掛け

シックな茶色の生地に「三蓋菱」を生成りの糸で刺した、モダンなクッションと、チェックに刺した地刺しに「扇の紋こ」をあしらったマット。

氷を割ったように区切り、それぞれのピースに異なる「地刺し」を施した壁掛け。地刺しは広い面積を刺す場合や、股引や着物の肩部分に用いられたが、名前のついていない模様が多い。

著者略歴

八田愛子

1916年　宇都宮市生まれ

1937年　東京女子高等師範学校（現お茶の水女子大学）
　　　　家事科卒業

1963年〜1977年　青森県八戸市に住む

鎌倉ひしざしの会主宰（現在休会中）
著書　『菱刺しの技法』（美術出版）

鈴木堯子

1935年　満州生まれ

1957年　宇都宮大学学芸部人文学科卒業

八戸ひしざしの会主宰（現在休会中）

著書　『菱刺しの技法』（美術出版）

菱刺し模様集《決定版》

著者／八田愛子　鈴木堯子
発行／2019年11月10日
発行人／瀬戸信昭
編集人／今ひろ子
発行所／株式会社日本ヴォーグ社
〒164−8705 東京都中野区弥生町5-6-11
販売／tel.03-3383-0628
編集／tel.03-3383-0644
出版受注センター／tel.03-3383-0650　fax.03-3383-0680
振替／00170-4-9877
印刷所／大日本印刷株式会社

Printed in Japan
© Aiko Hatta,Tomiko Suzuki 2019
ISBN978-4-529-05933-6　C5077　NV70551

※万一、乱丁本、落丁本がありましたら、お取り替えいたします。小社販売部までご連絡ください。

※本書の複写にかかる複製、上映、譲渡、公衆送信（送信可能化を含む）の各権利は株式会社日本ヴォーグ社が管理の委託を受けています。

JCOPY〈（社）出版者著作権管理機構 委託出版物〉

本書の無断複写は著作権法上での例外を除き禁じられています。複写される場合は、そのつど事前に、（社）出版者著作権管理機構（電話 03-5244-5088、FAX 03-3513-6979、e-mail：info@jcopy.or.jp）の許諾を得てください。

＊この本は、1989年12月1日に発行された自費出版の決定版です。